新时期旅游产业发展与变革

罗　敏◎著

北京工业大学出版社

图书在版编目(CIP)数据

新时期旅游产业发展与变革 / 罗敏著. —北京：
北京工业大学出版社，2019.9
ISBN 978-7-5639-7030-8

Ⅰ. ①新…　Ⅱ. ①罗…　Ⅲ. ①旅游业发展－研究－中
国　Ⅳ. ①F592.3

中国版本图书馆 CIP 数据核字(2019)第 231980 号

新时期旅游产业发展与变革

著　　者：罗　敏
责任编辑：刘　蕊
封面设计：马静静
出版发行：北京工业大学出版社
　　　　　（北京市朝阳区平乐园 100 号　邮编：100124）
　　　　　010－67391722(传真)　bgdcbs@sina.com
经销单位：全国各地新华书店
承印单位：北京亚吉飞数码科技有限公司
开　　本：787 毫米×1092 毫米　1/16
印　　张：15.75
字　　数：204 千字
版　　次：2020 年 3 月第 1 版
印　　次：2020 年 3 月第 1 次印刷
标准书号：ISBN 978-7-5639-7030-8
定　　价：75.00 元

前　言

　　旅游是拉动经济的重要动力。随着全面建成小康社会持续推进,旅游已经成为人民群众日常生活的重要组成部分,我国旅游业进入大众旅游时代。在我国各类旅游景区中,截至 2017 年末共有 5A 级旅游景区 249 处。从旅游收入和游客接待量来看,2017 年全年国内游客达到 50.01 亿人次,比上年增长 12.8%;国内旅游收入 4.57 万亿元,比上年增长 15.9%;入境游客 13 948 万人次,比上年增长 0.8%;国际旅游收入 1 234 亿美元,比上年增长 2.9%;国内居民出境 13 051 万人次,比上年增长 7.0%;全年实现旅游总收入 5.40 万亿元,比上年增长 15.1%。旅游需要的发展,科学技术的进步,使得旅游产业都处在不断发展变革当中。跨产业融合、旅游目的地发展、旅游规划创新、旅游产品设计、旅游监管、智慧旅游等方面,都是当前旅游产业创新和发展需要研究的热点、难点和突破点。

　　本书共八章。第一章为旅游与旅游产业,主要分析旅游的内涵、旅游的影响和旅游业的性质及作用。第二章为新时期旅游产业的发展与重构,包括“互联网＋”时代来临、旅游信息化与数字化、旅游智慧化——智慧旅游的提出三个方面。第三章为新时期国内旅游特征与消费者分析研究,对旅游市场特征、旅游客流空间流动特征、旅游节假日市场特征、旅游者消费行为的特征四个方面进行研究。第四章为新时期旅游产品设计与开发,探索旅游产品设计与开发的理念与前期研究,旅游产品设计的方法和原则,旅游产品策划、设计过程等方面。第五章为新时期旅游营销发展与创新,包括旅游销售渠道、旅游目的地营销、旅游营销的新媒介三个方面。第六章为新时期旅游企业的战略选择,对旅游企业战略目标的制定、旅游企业的竞争战略、旅游企业的发展战略进行探讨。第七章为新时期智慧旅游的发展与实践,从智慧旅游城市、智慧景区、智慧酒店、智慧旅行社四个方面进行研究。第八章为新时期旅游行业管理研究,主要对旅游行业管理概况、旅游行业管理的热点与难点分析、旅游行业监管政策体系进行探讨。

本书在创作上主要有三个方面的特点:第一,本书对新时期旅游产业发展与变革进行深入研究,结构完整;第二,本书虽系学术专著,但叙述通俗自然,议论深入浅出;第三,本书理论研究与实践相结合,具有较强实践指导价值。本书在撰写的过程中参考了许多专家、学者的已有论著和研究成果,限于篇幅未能一一注明,在此表示歉意。同时,由于能力所限,书中难免存在不足和遗漏,在此真诚地希望各位专家学者和读者朋友给予批评和建议,不胜感激。

作　者

2019 年 4 月

目　录

第一章　旅游与旅游产业

根据《"十三五"旅游业发展规划》,"十二五"期间,旅游业全面融入国家战略体系,成为国民经济战略性支柱产业,2015 年旅游业对国民经济的综合贡献度达到 10.8%;国内旅游、入境旅游、出境旅游全面繁荣发展,中国成为世界最大的国内旅游市场、世界第一大国际旅游消费国,世界第四大旅游目的地国家。[①] 旅游发展有助于经济发展,有助于生态文明建设,发展旅游业对我国社会发展具有重要意义。

第一节　旅游的内涵

一、旅游的要素与特征

(一)旅游的要素

开展旅游活动需要最基本的六个要素,即吃、住、行、游、购、娱,以此满足人们旅游活动的最低层次需要。离开这六要素就无从谈旅游,它们是旅游活动发展的产物。在我国,旅游活动的要素目前较为流行的有"三体说"和"新六要素说"。

---

① 2018 年中国旅游行业发展现状及发展趋势分析[EB/OL]. http://www.chyxx. com/industry/201804/634265. html.

1. 三体说

旅游活动是一项涉及面十分广泛的综合性社会经济文化活动。按照三体说的观点,旅游主体、旅游客体、旅游媒体是构成旅游活动的三大要素。

(1)旅游主体

一般情况下我们将旅游活动的主体理解为旅游者。旅游者也可以简单地称为游客,主要指离开自身居所到其他地区进行旅游活动的人。从旅游的发展历史可以看出,旅游者先于旅游产生,此后才围绕旅游者出现了各种提供旅游服务的从业人员。在旅游活动中,旅游者是一个重要的主导性因素,旅游者的数量、消费水平、旅游方式等对于旅游业发展具有重要意义,是决定旅游业内部各种比例关系及其相互协调性的主要因素。因此,在众多旅游因素中,旅游者是其中最活跃的因素。

(2)旅游客体

旅游客体一般是指旅游资源,也就是一切与旅游活动相关的旅游资源。旅游资源的本质是存在于自然环境和人文环境中,在一定程度上对旅游者形成吸引的事物和现象。旅游资源在旅游活动中处于客体地位,与旅游主体相对。当一个个体在拥有充足时间和金钱可以开展旅游活动时,其为了求职或娱乐开展旅游活动之前,首先考虑的便是旅游目的地,旅游者会结合自身实际情况选择那些可以满足自身旅游需求的国家或地区。此时,可以对旅游者的选择起到决定性作用的因素便是满足其偏好的旅游资源。当然这并不是旅游者在做出选择时的唯一思考内容,他们还会充分考虑旅游目的地的生活条件和服务设施等,但是这些需要并不是旅游者的首要需要。旅游资源具有自身特色,这些具有民族特色和地域特色的旅游资源是其他资源无法替代的,并且旅游者只有身临其境才可以真切感受这些旅游资源,单纯地依靠文字、图片和视频等并无法使旅游者真正意义上得到精神满足。由此可以看出,对于旅游活动而言,旅游资源是不可取代的客观基础,是旅游目的地吸引旅游者的关键所在,是国家和地区开拓旅游市场、发展旅游行业的重要物质基础和条件。

(3)旅游媒体

旅游媒体即旅游业,旅游媒体一方面为旅游活动顺利进行提供条件,另一方面为旅游者提供各种旅游商品和服务,旅游业涉及方面众多,是一个综合性产业。旅游业的发展与众多经济部门和非经济部门相关,其中包括旅行社、旅游饭店和旅游交通等。在整个旅游活动中,旅游业发挥着重要的纽带作用,其将旅游主体和旅游客体紧密地联系在一起,旅游者通常会通过旅游业提供的服务获取旅游资源,而旅游资源通常是通过旅游业充分发挥自身作用。当前,随着人们生活水平不断提高,我们已经迎来了大众旅游时代,几乎所有旅游者都会利用旅游业为其提供的各种服务。旅游业提供的旅游服务虽然不是旅游者进行旅游的最终目的,但是旅游业连接起了客源地与目的地,连接起了旅游动机与旅游目的。在旅游业充分发挥作用的前提下,旅游者不用花费大量的时间和精力在一些琐碎事情上,不需要为旅游过程中可能遇到的各种困难而担心,旅游业可以为旅游者提供各种与旅游相关的服务,在旅行过程中,各相关企业可以帮助旅游者解决各种吃穿住行的问题。随着旅游业不断发展,旅游者的活动范围越来越大,活动时间越来越长,活动内容也越来越丰富。

此外,旅游业还可以发挥组织功能,该功能有效地推动了旅游业的进一步发展。从供给的角度来说,旅游业以市场的实际需求为依据对旅游产品进行科学组织,推出各种旅游活动,并围绕市场需求提供一系列配套产品。从需求的角度来说,旅游业采取多种多样的方式方法为旅游产品组织客源。旅游的组织作用自其产生就已经形成,并且这一作用始终有十分突出的表现,组织作用是促使旅游业形成并发展的基础。

总之,就旅游活动而言,旅游主体、旅游客体和旅游媒体是相互联系、互为制约的,旅游活动是由这三要素共同构成的有机体。一个要素发生了变化必然会引起其他要素的变化。例如,旅游者的偏好和决策决定了他们对旅游地的选择;旅游的客流量和流向,以及旅游者的时空变化,对旅游地的开发、服务设施的建设等产生一定影响,同时还会对酒店、旅行社等旅游媒体的工作产生一定影响;旅行社对旅游地的宣传效果良好,那么意味着旅游地本身具有较强的吸引力,而这又会作用于旅游者的选择,从而增加旅游者流量,相应地,旅游地的开发规划、环境保护也会受到影响,旅游地的基础设施建设等也会产生一定变化。

2. 新六要素说

(1)资源

旅游活动的顺利开展必须有资源做支撑。中华人民共和国国家标准 GB/T18972—2003《旅游资源分类、调查与评价》将旅游资源定义为:"自然界和人类社会凡能对旅游者产生吸引力,可以为旅游业开发利用,并可产生经济效益、社会效益和环境效益的各种事物和因素。"旅游业的产生、生存和发展都离不开旅游资源,旅游资源是旅游业的核心环节。实际上,旅游资源与旅游产业的关系可以理解为"皮与毛"的关系,旅游业的生存和发展依靠旅游资源提供能量,可以说,旅游资源是人类旅游活动、旅游经济的主要源泉。由此可以看出,旅游资源是人类社会开展旅游的基础。

(2)环境

环境与人类密切相关,一切人类活动都需要在环境中进行,旅游活动作为一种人类活动自然也与环境密切相关。旅游环境是针对旅游活动而言的一种环境,旅游环境以旅游者为中心,涉及旅游目的地、旅游依托地,是一种由自然生态环境和人文生态环境共同构成的环境,是一种具有复杂性的复合环境系统。环境与资源同时具备同一性和差异性。从人类主体的角度来说,环境是其客观对象,资源则是存在于环境中,被人加以利用的部分。人类的生存和发展离不开环境,旅游业也是如此。对于旅游而言,环境可以发挥自身作用实现旅游产品质量的改善、旅游服务质量的提高等。同时,旅游也可以反作用于环境,科学合理的旅游发展有利于环境保护。

（3）文化

一般情况下,文化可以划分为三个层面,即物质文化、制度文化和精神文化。物质文化的本质是文化的物质状态,可以表现为建筑、器物等;制度文化的本质是文化的制度状态,可以表现为人们的行为习惯及各种社会规则等;精神文化的本质是文化的精神状态,这是一种抽象概念,表现为人们的观念、意识等。旅游的各个方面都蕴含着这三个层面的文化形态。

旅游是一种生活方式,而人们之所以可以将旅游作为一种生活方式,根本原因在于旅游具有浓厚的文化性。人们的旅游需求实际上是一种精神需求,旅游活动就是为了满足人们的精神文化需求而产生的社会活动。当人类社会仍然处于原始发展阶段,受到生理需求压迫,那么旅游这项社会活动不会形成,这是因为人们将生存放在首要位置,尽可能满足自身最基本物质需求的情况下,无暇顾及旅游。从人类社会的发展历史可以看出,当人们的低层次需求被满足后才会产生高层次需求,因此,人们产生旅游这一需求的前提是低层次需求被满足,旅游需求实际上是对自由自在地体验与欣赏生活的需要,只有处于这种状态人们才可能产生真正意义上的旅游需求。通过以上分析,我们可以将旅游本质与人性高层次需求有机地联系在一起,可以将旅游本质与人的文化本性有机地联系在一起,同时还将旅游活动与审美活动有机地联系在一起。随着人们的旅游需求不断被满足,旅游本身也会不断升级,从猎奇观光向休闲娱乐的转变是一种必然趋势。从本质上而言,旅游是一种人类文化活动,旅游消费是一种人类社会的文化消费,由此得出,旅游服务的本质是文化服务,旅游产业的本质是文化产业。

（4）科技

随着人类社会不断发展与进步,科学技术不断更新,而这些新技术逐渐应用和渗透到人类社会的各个方面,其中旅游业也受到了深刻影响。通过观察人类社会的发展历史可以看出,每一次的飞跃式进步都离不开科学技术,科学研究是人类社会进步的重要基础,科学技术的应用是人类社会发展的重要手段。科技革命推动了人类社会的进步,改变了人们的生活方式,旅游业作为新兴的产业当然也会受到新技术的冲击,但同时科学技术也为旅游业带来了更多的发展机会,科技引领旅游业发展已经成为一种必然趋势。一般情况下,国际旅游竞争力会经历4个阶段,即旅游资源竞争、旅游产销竞争、资本实力竞争和创新竞争,可以看出,旅游竞争力会随着发展阶段的推进越来越依赖科学技术。在经济全球化和知识经济时代,如何利用科学技术增强旅游业的国际竞争力,加快旅游业的发展,是我国旅游业的重大战略问题。

（5）余暇

旅游活动是一种高层次的文化活动,满足的是人们的精神文化需求,这就要求人们在进行旅游活动时花费一定时间和精力,由此可以看出,余暇是人类进行旅游活动的基本要素。旅游者的旅游支付能力、余暇时间和旅游动机决定了旅游活动的发生,只有这3个变量同时被满足,才可能产生旅游活动。1995年,我国实行"周五"工作制后,国内旅游蓬勃发展的现实表明,对于旅游而言,充足且集中的余暇时间十分重要,闲暇时间的变化与旅游市场的变化息息相关。近年来,旅游产业迅速发展,当前旅游业已经成为我国国民经济新的增长点,尽可能地满足旅游需求对我国发展具有重要意义,只有做到这一点才可以充分发挥旅游的作用,在更大程度上、更大范围内带动经济增长。因此,更多的市场化旅游需求需要有更多、更长、更集中的余暇时间。在这样的背景下,进一步改革劳动用工制度显得尤其重要,为了充分激发旅游对经济的带动作用,我们应该进一步探究缩短劳动时间、增加余暇时间的有效途径。

（6）金钱

人们在开展旅游活动的过程中不可避免地会产生一定费用,从本质上来说,旅游活动是一种经济活动,因此经济能力是支撑人们开展旅游活动的基础,尤其是对于涉及面广、活动范围大、旅游周期变化快、旅游危机增多的现代旅游而言更是如此,所以具备较强的经济能力是实现旅游的重要保证。

(二)旅游的特征

旅游是一项内容丰富、形式多样、涉及面极广的社会经济现象,是一种短期性的特殊生活方式。旅游以其自身特色从一般的社会活动中脱颖而出,得到了全社会的积极参与。旅游的特征主要包括以下几点。

1. 普及性

在第二次世界大战以前,经济社会发展程度不高,只有少数有闲阶级才可以旅游,旅游活动在某种程度上属于一种阶级特权。第二次世界大战以后,特别是 20 世纪 60 年代以后,大众阶层成了旅游队伍的主力,旅游度假成为普通大众都可享有的基本权利。正如世界旅游组织在 1980 年发表的《马尼拉宣言》中明确提出的,旅游也是人类社会最基本的需要之一。

随着我国社会发展,人们的生活水平不断提高,也有了更多可以自由安排的闲暇时间,旅游人群数量越来越多,平均每人旅游次数也不断增加。据统计显示,2017 年全年国内游客达到 50.01 亿人次,比上年增长 12.8%;国内旅游收入 4.57 万亿元,比上年增长 15.9%;国内居民出境 13 051 万人次,比上年增长 7.0%;全年实现旅游总收入 5.40 万亿元,比上年增长 15.1%。随着全面建成小康社会持续推进,旅游已经成为人民群众日常生活的重要组成部分,我国旅游业进入大众旅游时代。①

2. 流动性

旅游活动是一种暂时性的异地活动,也就是说旅游者需要从

---

① 2018 年中国旅游行业发展现状及发展趋势分析[EB/OL]. http://www.chyxx. com/industry/201804/634265.html.

自身所在地移动至旅游目的地参与旅游活动。旅游者从客源地流向旅游目的地,从一个游览地流向另一个游览地,这就决定了旅游活动的流动性。旅游者的流动性构成了对交通的需求,这成为旅游活动的特点。

3. 地缘性

早期,我国入境旅游者大部分来自亚洲地区,欧洲客源较少。这从国家旅游局公布的统计数字就可以看到,2006 年和 2007 年,在 16 个主要客源国中,亚洲国家高达 10 个,其中韩国、日本居于第一位、第二位。而当前,亚洲国家和地区虽然依旧是我国入境旅游的主要客源国,但欧美国家和地区也逐渐成为我国的主要客源国,数据统计显示,2018 年上半年,入境外国游客人数 2 377 万人次,亚洲占 76.7%,美洲占 8.0%,欧洲占 12.1%,大洋洲占 1.9%,非洲占 1.3%。① 根据北京市统计局公布的数据显示,2018 年 1—10 月,共接待入境旅游者 3 396 952 人,亚洲地区入境旅游者为 1 456 484 人,欧洲地区为 876 286 人,美洲地区为 828 052 人,大洋洲地区为 151 781 人,非洲地区为 72 072 人。② 这说明我国的入境旅游主要客源国由东方向西方转移,由近程市场向远程市场扩散,由低端市场向高端市场发展。

4. 短暂性

旅游者进行旅游活动,是一种从自身居住地到旅游目的地观光、游玩的异地短时期的活动,一般情况下,旅游者不会在某一旅游目的地停留较长时间,因此旅游活动并不是人们在常住地进行的活动形式。可以看出,短暂性是旅游的特点之一。短时间是一个笼统概念,为了在统计上的具体操作更简便,有关组织对"暂

---

① 2018 上半年中国出入境旅游市场分析:出入境旅游总人数增长 6.9%[EB/OL]. https://baijiahao. baidu. com/s? id=16103698976617292754&wfr=spider&for=pc.

② 2018 年 1—10 月入境旅游者情况[EB/OL]. http://zfxxgk. beijing. gov. cn/110037/jdsj53/2018-11/16/content_8a321917463e461aad364420d08fe31b. shtml.

时"的长短做了规定,例如,世界旅游组织明确规定了"暂时"为不超过一年。

5. 综合性

旅游者进行旅游活动,在整个旅游过程中会产生各种各样的需求,包括吃、住、行、游、购、娱等,旅游业根据旅游者的实际需要为其提供相应的服务,满足他们的各种旅游需求。具体来说,旅游活动的一个基础就是旅游地有满足旅游者需求的餐饮设施、住宿设施、交通设施、景点设施等。例如,不同的旅游者会根据实际需求选择不同的旅游活动形式,可能是观光旅游、探险旅游,也可能是探亲访友等,可以看出,旅游主体会根据自身实际情况对旅游活动客体内容产生多种多样的需求。同时需要注意的是,旅游资源既包含自然资源也包含人文资源,既包含物质资源又包含精神资源。由此可见,旅游活动与社会要素、经济要素、文化要素等密切相关,旅游是一项与社会、经济、文化等各个方面密切相关的人类社会活动,而这也决定了旅游的复杂性、综合性。

6. 异地性

上面已经提到,旅游是一种旅游者离开自身居住地前往旅游目的地的活动,因此旅游具有显著的异地性特征,旅游是一种旅游者在异国他乡进行的特殊精神文化活动。由于人们长期在某一固定地区生活,就会对周围的环境感到平淡乏味,也就激发了他们想要到异地探索的热情,激起了他们到异地进行文化交流和生活的兴趣,而旅游活动则能实现人们的这种需要,人们通过到居住地以外的国家或地区领略自然风光、人文景观、民俗风情等可以满足他们的猎奇心理。由此可见,异地性是旅游的一个基本特点。

二、旅游的功能

人们在闲暇时间选择旅游这种生活方式是为了前往异地寻

求审美和愉悦,因此旅游最基本的特征就是异地性和短暂性。旅游活动的本质决定着其功能。旅游功能指的是旅游发展在社会、经济、文化等方面发挥的有利作用,它主要体现在三个方面:经济功能、文化交流功能、教育与情感功能。

(一)经济功能

旅游涉及的部门众多,是一种具有复杂性的文化活动和经济活动。旅游的规模大、范围广,涉及的部门和企业繁多,而也正是因为这些部门和企业为旅游提供了必要的支持与服务,才促使旅游活动可以产生并发展。而从经济社会的本质而言,产业部门和企业介入旅游活动,就意味着经济功能的产生。一般而言,旅游的经济功能会通过旅游企业、目的地社区居民的收入等方面体现出来。

旅游企业涵盖范围广泛,各种与旅游活动相关的企业都可以称为旅游企业,包括旅行社、住宿接待公司、交通运输公司、旅游产品商店等。旅游企业的目的在于满足旅游者需求,这些企业发挥各自功能为旅游者提供各种旅游资源、旅游设施和旅游服务,并且通过这种行为获得一定经济效益,一方面促进旅游业发展,另一方面实现自身发展。

经济功能不仅存在于微观方面,也同样存在于宏观方面。旅游在宏观经济方面主要表现为增加外汇收入、平衡国际收支、回笼资金、扩大就业等。

旅游的经济功能不仅仅是为国家和区域带来更多经济收入,同时还体现在就业问题方面,旅游服务业是劳动密集型产业,这就意味着旅游业的发展会为社会带来大量就业机会,缓解就业压力,而这又可以进一步促成新的社会财富的产生。

(二)文化交流功能

人们旅游时需要从所在地转移至目的地,是一种空间移动活动,在这个过程中就会引起一定的文化交流。人们通过旅游的形式进行交际活动,拉近了社会各阶层以及民族之间的距离,使人们消除偏见、增进感情。人们往往通过旅游来促进各国间的文化交流。旅游史研究已经表明,玄奘取经、鉴真东渡,对有关国家文化、科技的交流都起过重要的作用。1274 年,意大利人马可·波罗到达元朝大都,在中国游历了十余年,其著作《马可·波罗游记》开阔了欧洲人的地理视野,引起了他们对东方的向往,开启了中西方之间政治、经济、文化上的广泛交流。伴随着旅游活动的产生和开展,旅游者的生活方式、价值观念也会自然而然地影响到旅游接待地,旅游目的地的生活观念和生活方式会有明显的改变。

早在 1980 年,世界旅游组织一致通过的《马尼拉宣言》中就已经明确指出了旅游的文化交流功能,"旅游在国际关系和寻求和平方面,在促进各国人民之间的相互认识和了解中,是一个积极的现实的因素"。旅游作为人民之间普遍性社会交往的一种活动,不仅有助于增进各国人民之间的相互了解,而且有助于加强国家之间友好关系的建立。

(三)教育与情感功能

通过旅游活动,人们可以开阔眼界、增长见识,因此旅游活动具有一定教育功能,是一种将教育与娱乐有机结合的特殊生活方式,人们在旅游过程中可以了解旅游地的人文地理知识。我国自古就倡导"读万卷书,行万里路",实际上就是强调了旅游的教育作用,强调旅游与读书一样可以帮助人们增进学识和才情。

实际上,著名的地理大发现就是一次规模宏大的旅行活动。在地理大发现之前,新旧大陆相互隔绝,世界处于封闭状态,人们仅仅了解自己居住地的情况,并把自己所见作为整个世界,对于外部世界了解甚少。而在地理大发现后,世界的封闭状态被打破,人们开始认识外部世界,视野不再局限于举目所见,在这样的环境下,人们逐渐形成了新的地理观、世界观、宇宙观。随着人们对世界的认识越来越全面,开始意识到地球并不是宇宙中心,同时环球航行这一项巨大成就证明了地球是一个球状体。

16世纪中叶,在经济社会不断发展的背景下,旅游活动于西欧国家得到了进一步发展,一些西欧发达国家开始主动组织一系列以教育和社会认知为主要目的求知旅行,通过旅行帮助旅游者更深刻、全面地了解世界,了解不同地区的风土民情、生活方式以及整体组织等,充分地发挥了旅游的教育功能。在封建社会结束后的18世纪,教育旅行迎来了真正的高潮,迎来了著名的"大游学"时代。法国的旅游业发展繁荣,巴黎是世界旅游收入最高的城市。法国十分重视旅游业发展,并且政府倡导充分发挥旅游资源的教育功能和社会效应,为了让更多人通过旅游受到人文熏陶,普遍降低了景点门票的价格。此外,法国的大部分人文景观是免费对记者、教师、档案员、未成年人、残疾人和失业者等社会特殊群体开放的。

旅游的教育意义并不是只有西方国家才重视,我国也始终强调旅游的教育功能。明代地理学家徐霞客根据其30多年的旅行考察经历著成了《徐霞客游记》。这本书不仅是优秀的旅游文学作品,更是研究区域地理的科学著作,特别是它对石灰岩地质地貌进行了系统研究,在该领域为世界做出了巨大贡献。

通过以上分析我们可以看出,人们通过旅游活动可以获得知识、增长见识,旅游的过程就是"求知、求新、求奇、求异、求乐"的过程,旅游的本质可以理解为一种综合性审美活动。旅游者有旅游倾向后,往往会根据自身需要明确旅游目的地,而在正式出游前,会通过各种途径收集旅游目的地的信息,而这个过程实际上就是一种自我学习过程。到达目的地后,旅游者可以通过亲历亲行了解异地的风土民情、自然风光,可以通过游览一个地区的文化古迹更好地理解当地的历史和内涵,欣赏传统艺术所蕴含的美学价值,在与当地居民接触的过程中可以深入了解当地人民的生活方式和风俗民情。可以看出,旅游的过程实际上是旅游者对于目的地更加丰富和全面地认识的过程。

此外,旅游还具有道德教育功能,人们可以通过旅游获得结合实践、贴合实际的道德教育,相较于书本教育更具针对性、更有效。旅游活动是一种公共行为,旅游过程中出入公共场所,乘坐车船,都有利于培养人们遵守社会公德,遵守人际交往准则。人们在旅游过程中,既可以游览美丽的自然风光,领略丰富多彩的风俗民情,还可以通过旅游更深刻地了解当地的历史文化。

第二节 旅游的影响

一、旅游发展造成的经济影响

(一)旅游发展对经济的积极影响

1. 旅游发展创造更多就业机会

旅游业作为第三产业的重要组成部分,在提供就业机会方面发挥着重要作用。与其他产业相比,旅游业在提供就业机会方面的优势主要有以下几点。

(1)旅游业是劳动密集型产业

旅游业是劳动密集型产业,创造就业机会的成本比其他行业低。在旅游接待工作中,许多工作都需要员工面对面给客人提供服务,因而需要大量的劳动力。

(2)旅游就业岗位层次丰富

旅游业中岗位层次多样化,对不同层次的劳动力都有需求,既需要简单技能的普通劳动力,还需要一些高学历、高知识人才,所以旅游业能够有效提供多样化的就业机会,包容性较强。

2. 旅游发展有助于增加外汇收入,平衡国际收支

一个国家在发展国际旅游的过程中,可以有效地增加外汇收

入,平衡国际收支。一个国家获得外汇收入的途径有贸易收入、非贸易收入和资本往来收入。旅游外汇收入是非贸易收入的重要组成部分。在非贸易创汇中,旅游业较之其他产业具有明显的优势。

国际旅游的换汇成本低,同时具有便利的创汇优势。对大多数发展中国家来说,经济发展比较落后,物质商品出口量有限,但为了发展本国经济,又必须进口外国的先进技术和设备,这往往形成国际收支的逆差。因此,通过发展旅游创汇可以平衡国际收支,并增加外汇储备,以弥补贸易逆差。旅游出口(旅游入境旅游)是我国获取外汇的重要途径之一。2017 年中国接待入境游客 13 948.24 万人次,同比增长 0.80%,规模总量创下历史新高。其中,外国人入境旅游市场的规模和增速分别为 2 916.53 万人次和 3.60%。2017 年中国入境旅游外汇收入 1 234.17 亿美元,同比增长 2.90%,其中,外国游客在华消费 695.47 亿美元,同比增长 4.1%。①

3. 旅游发展有利于旅游扶贫致富,缩小地区差异

一个国家可以通过发展旅游实现国内地区经济平衡发展,有利于缩小不同地区之间的经济发展差距。国际旅游可将客源国的物质财富转移到接待国,国内旅游则可把国内财富从一个地区转移到另一个地区,起到将国内财富地区间再分配的作用。特别是在我国大部分贫困地区,受物质条件及交通条件的限制,丰富的旅游资源得以完好地保存下来,为旅游开发及旅游业的发展提供了重要基础。

4. 旅游发展有利于调整地区产业结构,带动相关行业的发展

旅游是一项涉及面极广的社会活动,因此旅游业具有综合性、关联性的特点。从整体上来说,旅游涉及吃、住、行、游、购、娱

① 2018 年上半年我国入境旅游人数、分布情况及国际旅游收入情况[EB/OL]. http://www.chyxx.com/industry/201809/673455.html.

六大要素。旅游业不仅直接给航空、交通、饭店、餐饮服务、景区等带来客源和市场,而且间接地带动和影响了农村和城市建设。旅游业是一个综合性产业,一方面对其他行业有很强的依托性,另一方面又有十分突出的关联带动作用,在国民经济和第三产业中处于一个产业群的核心地位,发挥着带动其他产业发展的核心作用。

5. 旅游发展有利于加速货币回笼

我国当前的一大任务就是拉动内需,而发展国内旅游就可以实现这一目标,从而加快货币回笼。商品回笼、货币回笼、财政回笼和信用回笼构成国家货币回笼的主要渠道。旅游业通过提供各类服务,满足人们的需要,而获取货币收入,就属于服务回笼的一种。在物质商品投放能力有限、难以及时扩大市场所需商品投入量的情况下,转移人们的购买趋向,鼓励人们多消费服务产品,则成为必要的货币回笼手段。从这个意义上说,发展国内旅游起着回笼货币、加快资金周转、均衡国内财政收支的作用。发展国内旅游可以拓宽消费领域,吸纳剩余购买力,起到缓解市场压力的作用。

(二)旅游发展对经济的消极影响

事物都具有两面性,发展旅游可以带动我国经济发展,但同时也可能对经济发展造成一定消极影响。

1. 旅游发展造成物价上涨

在旅游活动中,旅游者的消费能力高于旅游目的地的居民,在经常有大量游客来访的情况下,则难免引起旅游目的地的物价上涨,同时随着旅游业的发展,土地价值也会迅速上升,房价上涨也会影响当地居民的正常生活。

2. 过分依赖旅游业会影响国民经济的稳定

旅游业在国民经济中的作用越来越重要,但从本质上说其并

不是关系国计民生的基础部门。一个国家或地区不宜过分依赖旅游业来发展自己的经济。这是因为:

(1)旅游业具有极强的敏感性

旅游业是一个集合性的产业,也是依托性很强的产业,它是需要各项服务组合而成的综合体。而这个综合体,注定要和"脆弱"并行。因为旅游业很容易受到外力的影响,比如社会安定状况、气候状况、经济因素等。

(2)旅游业发展造成农业劳动力减少

某些农业资源占优势的国家和地区,从事旅游服务的工资所得远远高于务农收入,大量劳动人员弃农而从事旅游业,致使当地农业劳动力不足,大片土地荒芜,导致产业结构变化,进而影响经济和社会的安定。

(3)旅游业具有较强的季节性

在旅游淡季,旅游季节性较强的国家和地区的设施设备和劳动力处于闲置状态,造成资源浪费的同时,还会出现严重的季节性失业现象。

二、旅游发展造成的社会文化影响

(一)旅游发展对社会文化的积极影响

1. 发展旅游业有助于增强民族自信心和自豪感

在旅游的过程中,由于交流频繁往往会使人们对自己的国家、民族身份产生强烈的关注。所以,在旅游活动过程中每个民族通过积极展示自己、张扬自己,产生强烈的民族认同,进而激发自己内心深处的民族自豪感。

2. 发展旅游业有助于文化的交流

旅游是文化交流的载体。旅游者的自发融合促进了国家之间、地区之间、城市之间的文化交流。在外来文化与本土文化的相互碰撞、渗透中，各种文化得以扬长避短。接待地通过发展旅游，一方面可以了解别人，促进人类整体和世界大同观念的形成；另一方面又可以宣传自己，树立自己对外的真正形象。

3. 发展旅游业有助于科学技术的交流和发展

旅游是进行科学研究和技术传播的重要手段之一。以科学考察和商务为主要目的的旅游活动，促进国家间及地区间的科学技术的交流。科学考察和商务以外的旅游活动在客观上也发挥了交流知识、推进科学技术合作的重要作用。科学技术的发展是旅游活动产生和发展的前提条件。而旅游发展反过来又不断对旅游接待的科学技术提出新的要求，从而刺激科学技术的迅速发展。

4. 发展旅游业有助于民族文化的保护与发展

随着经济全球化进程不断推进和对外开放程度不断加深，文化成为决定一国国际竞争力的重要因素，而民族文化是一个国家或地区的重要旅游资源，发展旅游业对于民族文化的保护与发展具有重要意义。随着旅游业的发展和接待外来旅游者的需要，当地一些原先几乎被人们遗忘了的传统习俗又得到开发和恢复；传统手工艺品市场因市场需求的增加又得到发展；传统的音乐、舞蹈、戏剧等又受到重视和挖掘；一些被毁坏的历史建筑又得到恢复或维护；等等。这些原先几乎被抛弃的文化遗产不仅随着旅游的开发而获得了新生，而且成为其他旅游接待国或地区所特有的文化资源。它们不仅受到旅游者的欢迎，而且使当地人民对自己的文化增添了自豪感。旅游促进了民族文化的保护和发展。

(二)旅游发展对社会文化的消极影响

1. 发展旅游业会加剧接待地的社会问题

旅游是一种现代文化传播手段，这种传播方式可以让信息在极其广泛的领域内大规模传播。旅游者在旅游过程中，不仅会把民族中的积极因素带入接待地，还会把消极文化因素传播到旅游接待地区。受西方社会生活方式和思想意识的影响，会使当地的传统道德观念发生裂变和扭曲。由于旅游者在旅游接待地往往是出手阔绰，形成主客之间生活水平悬殊差异，在这样的刺激和诱惑下，民族和地区自卑感和媚外思想会逐渐加重，接待地的部分居民极易失去纯朴的美德。另外，受到一些旅游者不健康的生活观念、生活方式的影响，旅游接待地的社会风气容易恶化，甚至会出现严重的社会问题，如色情、赌博等。

2. 发展旅游可能导致文化传统被同化，甚至消失

一般而言，来自文化强势地区的旅游者对相对处于文化弱势地区的接待地居民会起到一种示范效应，当地居民会争先学习、效仿其所带来的思想文化，接待地的传统文化由此而逐渐被外来的强势文化及现代文明所渗透和影响，进而被同化，甚至消失。

3. 发展旅游可能造成旅游地文化商品化问题严重

旅游产业的发展，既可使传统文化得到保护和发展，又能使传统文化受到歪曲和冲击。特别是在外来异质文化的冲击下，一些国家或地区的民族文化变味，甚至逐渐消失。比如，传统的民间习俗和庆典活动都是在特定的传统时间、地点，按照传统规定的内容、程序和方式举行的。但是很多这种活动随着旅游业的开展逐渐被商品化，它们不再按照传统规定的时间和地点举行，为了接待旅游者，随时都会被搬上"舞台"，为了迎合旅游者的观看兴趣，活动的内容往往被修改。因此，这些活动虽然被保留下来，但在很大程度上已经失去了其传统的文化意义和应用价值。

4. 旅游发展可能对当地居民的正常生活造成干扰

为了适应开展旅游活动的需要，旅游接待地区的设施在数量和质量上会有所改善，方便了当地居民的生活，但是，旅游旺季的时候,游客往往和当地居民争夺这些设施的使用权利。特别是在接待地综合接待能力有限的情况下,外来游客的大量到来使当地居民的生活空间变得相对狭小,当地有限资源的供应也变得很紧张,这些都会给当地居民带来诸多不便,干扰当地居民的正常生活。

三、旅游发展造成的环境影响

(一)旅游发展对环境的积极影响

1. 旅游地以自然环境为基础发展旅游业

当前,很大一部分地区可以成为旅游目的地就是凭借其良好的自然环境基础。旅游地的自然环境往往是美学价值很高的旅游资源,具有一定的稀缺性和独特性,对人的吸引力巨大。在旅游业开始之初,人们也是出于欣赏这样美丽的自然风光而慕名前来的。旅游自然环境是旅游业发展的基础,同时旅游业的发展也为自然环境的保护提供了动力。

2. 旅游发展有利于环境的保护和改善

旅游有利于促进旅游目的地经济建设的发展和人们生活水平的提高,这个已经取得人们的共识,而良好的自然环境又是旅游业赖以生存和发展的基础和保障,所以人们认识到良好环境对当地发展及个人生活的重要意义,进而增强自身保护自然环境的意识和观念,并约束了损害环境的行为。

(二)旅游发展对环境的消极影响

1. 发展旅游业可能因为盲目开发和过度开发造成对景观环境的破坏

发展旅游业会在一定程度上改变旅游地的自然环境,在旅游资源开发利用过程中,旅游设施建设项目的规划不当或开发过度,会使当地原有的景观环境遭到破坏,影响旅游景观的旅游价值。这种"开发污染",主要表现为有关设施建设与周围景观环境整体不协调,如古迹复原处理不当,新设项目改变或破坏了旅游区应有的民族风格和历史、文化氛围等。

2. 发展旅游业可能对历史古迹与原始风貌造成损害

长期大量接待来访旅游者,会使当地历史古迹的原始风貌甚至其存在寿命受到威胁。这不仅仅与旅游者的触摸攀爬及乱刻乱画等不当行为有关,而且旅游者接待量的增大本身就会影响历史古迹的存在寿命。

3. 发展旅游业可能造成自然环境污染,破坏生态环境协调

随着旅游业的开发和旅游者的来访,固体垃圾、废气、废水等被直接排放在自然环境中,旅游目的地不可避免地会发生恶性变化。

(1)旅游发展可能造成水体污染

主要来自旅游区的生活污水、固体垃圾和旅游船舶的废弃油污的排放。由于旅游者的大量涌入,旅游区的餐厅、宾馆等生活接待设施的生活污水排放量增加,固体垃圾增多。如果不经过净化处理,就会成为水体的直接污染源。

(2)旅游发展可能造成大气污染

随着旅游者进入旅游区,旅游交通运输量增大,机动车等交通工具废气排放量增多,以及旅游区内的宾馆、饭店等生活锅炉排放的废气,加上众多游客呼出的二氧化碳,都会对旅游区的大气环境造成污染。

(3)旅游发展可能造成噪声污染

随着旅游者的大量涌入,旅游景区景点人满为患,旅游者的嘈杂声、商家的叫卖声、交通工具的鸣笛声都会加重当地的噪声污染。

第三节　旅游业的性质及作用

一、旅游业的性质和特点

(一)旅游业的性质

1. 经济性

旅游业涉及领域众多,具有丰富的功能,但从本质来看其仍然是一种经济产业。旅游业是一项高度分散的行业,主要由旅行社业、旅游交通业、旅游饭店业和旅游商品业等企业构成。在社会主义市场经济条件下,企业是以营利为目的并进行独立核算的经济组织,追求的是利润的最大化。旅游资源的开发和旅游设施的建设需要投资,投资者要收回成本,需要考虑投入与产出。旅游业主要由各种企业所构成,理所当然的是一种经济产业,具有经济性。因此,我们可以把旅游业看作是具有经济性质的服务行业。经济性是旅游业的根本性质。

2. 文化性

文化是人类社会发展的产物,同时也是推进人类社会进一步发展的基础,是人类在社会发展过程中所创造的全部物质财富和精神财富的总和。旅游业赖以存在和发展的旅游资源,如自然景点、历史古迹、现代设施等都具有丰富的文化内涵。在旅游活动中,旅游者通过对包含有丰富文化内涵的人文旅游景点和自然旅游景点的游览,可以丰富文化知识、增加见识、陶冶情操。旅游消费是旅游者为满足自己精神、文化需要而进行的消费活动,本质上是一种文化消费。因此,旅游业又可以被看作具有文化性质的服务行业。旅游业的文化性质表现在以下三个方面。

（1）旅游资源的文化性

旅游资源是能够吸引旅游者的一切自然和社会因素，是旅游活动的对象，是旅游业赖以存在的基础。旅游资源包括自然旅游资源和人文旅游资源两个方面，就自然旅游资源而言，大都有文化的因素隐含在内。

（2）旅游者的文化性

旅游是一种高层次消费，旅游活动是一种精神享受，像欣赏音乐一样，旅游者应该能从旅游活动中获得美的享受和精神的满足。对于一些人文旅游资源来说更是如此，它需要旅游者掌握一定的知识，因此，我们说旅游需求的产生需要一定的文化背景，那么旅游者就是有一定文化素养的人。

（3）旅游设施的文化性

不同国家或地区的旅游设施代表了不同的文化。从旅游交通方面来说，有的是飞机（这当然反映了现代文明），有的则是马车；有的是汽车，有的则乘坐人力轿子；有的坐火车，而有的则骑牲畜。旅游饭店更能说明问题，有的是蒙古包式的，有的是西洋式的；有的是哥特式建筑，有的则体现着伊斯兰文化；有的是摩天大厦，有的则是小巧竹楼。至于饭店内部更是如此，从墙壁的粉刷到室内的装饰，从服务内容到服务方式，从服务员的衣着到他们的举止，从餐食到饮料，这些无一不体现某种文化。

从以上分析可以看出，旅游业的两个基本性质为经济属性和文化属性，但在经济条件下，其经济属性是第一位的，是一项具有丰富文化内涵的经济产业。凡为旅游者提供服务的企业或个人，都是旅游商品的生产者和经营者。

（二）旅游业的特点

1. 季节性

旅游基于旅游资源发展，在气候、旅游资源的特点以及节假日等因素的影响下,具有明显的季节性特征。不同地区旅游淡旺季到来的时间有所不同。在赤热的夏日,地处海滨的旅游地可能对蜂拥而至的旅游者应接不暇,旅馆爆满,交通堵塞……而在严冬时节,那些最寒冷的地方可能最具有魅力,哈尔滨的冰灯、阿尔卑斯山上的滑雪正像磁石一样吸引着各地旅游者。

由于旅游业具有显著的季节性,导致旅游企业在经营过程中需要考虑各种季节性问题,而这就在一定程度上导致了他们在旺季的接待能力不足,而在淡季却大量闲置,从而可能蒙受经济损失。为了解决这一问题,许多国家一方面利用旅游差价(即在淡旺季采取不同的旅游价格,淡季给予优惠)以期在淡季多招徕旅游者,提高设施利用率。此外,在劳动力方面也采取了相应的措施,在旺季到来时,多雇临时工(包括饭店服务人员以及旅行社的导游员等),而在淡季来临时,又将他们辞退,以便减少开支,增加利润,避免亏损。

2. 社会性

当前,随着经济社会不断发展,人们的生活水平不断提高,旅游具有了广泛的群众基础,已经成为一种普遍存在的社会活动;不仅是一种社会时尚,而且像吃饭、穿衣一样,已经成为很多人必不可少的生活方式。越来越多的人从事旅游活动,越来越多的人开始加入旅游服务行业。人们通过旅游得到休息和放松;通过旅游结交朋友;通过旅游增长见识;通过旅游释放自我;通过旅游恢复活力和健康等,因此,旅游已经成为一种社会现象,旅游业具有社会性的特点。

3. 脆弱性

影响旅游业的因素众多,包括各种自然、政治、经济等方面的因素,而旅游业对这些因素的变化会产生明显反应,这就导致了其脆弱性,各种因素的微小变化都可能引起旅游业的波动。例如,哪一地区如果发生洪水、地震、气候异常等自然灾害,来这里旅游的人数必然减少。一个国家或地区的政局不稳定或者社会治安混乱,也会使到这里旅游的人数减少。例如,菲律宾的恐怖和绑架活动时有发生,使菲律宾的旅游业受到了很大的影响。"9·11"事件后,全世界民航机票预订率平均下跌了 12%～15%,使美国多家航空公司大幅度裁员。北美洲、加勒比、南美洲、中东和北非等地区的航空业、旅馆业和旅游业受到沉重打击。受此影响,游客流向也发生了很大变化:美国来华入境旅游人数大幅度下降,而日本等客源市场原本打算赴美国旅游的客流由于受阻而转向中国。世界经济形势及外汇市场汇率的变化也会对旅游业产生影响。世界经济增长较快时期,国际旅游的游客就会增加。这些都说明旅游业对自然、政治、经济等各种因素反应敏感。

4. 综合性

旅游业的综合性是由旅游活动的综合性所决定的,旅游者的旅游活动包括食、住、行、游、购、娱等几个环节,因此,旅游业不仅包含旅馆、交通和旅行社几个方面,而且涉及为旅游者的旅游活动提供服务的建筑业、银行业、邮电业、商业、农业以及文物、卫生、教育、轻工、纺织等行业和部门。它的发展需要得到这些行业的协作、配合与支持。总之,旅游业的综合性这一特点对旅游业乃至整个国民经济的发展具有重要意义。

5. 高度弹性与抗危机性

上面提到了旅游业虽具有脆弱性,容易受到各种因素变化的影响,但是在一定的条件下,旅游业也易于建立、恢复和发展,也就是说旅游业具有较强的弹性和抗危机性。例如,特大自然灾害、时局动荡之后受打击最直接的是旅游业,而经过短暂时期后,率先恢复并进一步发展的也是旅游业。"非典"过后的 2004 年,我国接待的入境过夜旅者人数和所取得的旅游外汇收入则分别跃升至 4 176 万人次和 257.4 亿美元,比 2003 年分别猛升了

26.7％和48％。因此,旅游业是既易受波动,又具有较强生长力的行业。

6. 劳动密集性与资金密集性

当前学术界对于旅游业产业类型的界定还没有形成一致意见,一些研究者认为旅游业属于劳动密集型产业,而还有一些研究者认为旅游业属于资金密集型产业。我们认为,回答这一问题,首先必须确定旅游业这一概念的外延。对于广义的旅游业来说,它涉及第一、第二和第三产业中的很多行业,从而为旅游接待国或地区的居民提供了广泛的就业机会。

从当前国际旅游业发展实际情况来看,旅游部门每增加一名服务人员,社会上就要增加五名间接服务人员相配套。尤其是在当今生产力高度发达的社会,旅游已成为一种生活方式而遍及世界各地,从而需要越来越多的人从事旅游服务工作。从这个意义上讲,旅游业属于劳动密集型产业。但是,如果把旅游业仅仅看作是以旅游资源为基础,由旅行社、旅游交通和旅游饭店这三个行业组成,那么,旅游业就属于资金密集型行业。因为旅游资源的开发,饭店的建设,修筑公路,购买汽车、飞机等交通工具,无一不需要大量的资金,相对而言,这几个部门为人们提供的就业机会是有限的。也就是说,人均资本占有量相当高。因此,旅游业具有资金密集型的特点。以饭店为例,假定一座投资5 000万美元的中档饭店,共有客房600间,雇用员工900人(客房数与员工人数之比为1:1.5),则人均占有资本5.56万美元,可见,这一比例是相当高的。

二、旅游业的作用

当前,随着人们生活水平不断提高,产生了越来越丰富的物质需要和文化需要,而发展旅游业可以更好地满足这些需要。通过旅游使人们在体力上和精神上得到休息,改善健康情况,开阔眼界,增长知识,推动社会生产的发展。旅游业的发展以整个国民经济发展水平为基础并受其制约,同时又直接、间接地促进国民经济有关部门的发展,如推动商业、餐饮服务业、旅馆业、民航、铁路、公路、邮电、日用轻工业、工艺美术业、园林等的发展,并促使这些部门不断改进和完善设施,增加服务项目,提高服务质量。随着社会的发展,旅游产业日益显示出它在国民经济中的重要地位。

(一)旅游业发展有利于价值提升与品牌建设维护

1. 旅游业具备拉动效应

一方面,旅游者会因为旅游活动到旅游地进行消费,使当地产品的销售直接面向市场,节省了中间流通环节上的费用,能够按照市场终端价卖出,从而获得比批发价更高的回报,我们称这一部分价值为终端消费带来的价值提升。另一方面,游客在进行旅游消费的同时,还能够享受到不同于一般购物过程的新型体验和服务,使得产品的最终价格高于一般市场上的价格,我们将高出的这部分价值称作体验性消费带来的附加价值提升。

2. 旅游业具备品牌效应

城市品牌是一个城市在推广自身形象过程中传递给社会大众的一个核心概念,期望得到社会的认同,即所谓的品牌知名度和美誉度。其中,文化是一个城市或区域发展的根基,是区别于其他城市的差异所在,是城市品牌形象的灵魂。旅游作为一种体验性活动,能够将一个城市的文化遗存、非物质文化遗产、民俗风情转变为吸引物,使游客体验到并迅速传播出去,形成目的地品牌形象。

因此我们看到,一个地区的旅游形象在一定程度上与其城市形象具有基本一致的目标群体和发展目的。旅游业可以最大化地释放一个城市或区域的吸引力,并使游客产生感应或共鸣。

另外,旅游的外向性和美好性,也能提升城市品牌的知名度和美誉度,从而带动整个城市或区域的品牌价值提升,并最终使得城市里的人、商品、资产等的价值得到提升。

(二)旅游业成为经济发展新常态下的新增长点

在经济发展新常态下,旅游业是稳增长的重要引擎,是调结构的重要突破口,是惠民生的重要抓手,是生态文明建设的重要支撑,是繁荣文化的重要载体,是对外交往的重要桥梁,在国民经济和社会发展中的重要战略地位更加凸显。

随着人们生活水平不断提高,现代旅游业已经成为经济发展新常态下新的增长点,相较于其他经济增长点,现代旅游业具有其独有的特征和优势,这主要包括以下内容。第一,旅游业是资源消耗低、环境友好型、生态共享型的新增长点。第二,旅游业是消费潜力大、消费层次多、持续能力强的新增长点。第三,旅游业是兼具消费、投资、出口"三驾马车"功能的新增长点。第四,旅游业是就业容量大、层次多样、类型丰富、方式灵活、前景广阔的新增长点。第五,旅游业是带动全方位开放、推进国际化发展的新增长点。第六,旅游业是增强国民幸福感、提升国民健康水平、促进社会和谐的新增长点。第七,旅游业是优化区域布局、统筹城乡发展、促进新型城镇化的新增长点。第八,旅游业是促进脱贫致富、实现共同小康的新增长点。第九,旅游业是新的经济社会组织方式,是有助于提高全社会资源配置效率的新增长点。

(三)旅游业发展具有经济拉动作用

旅游活动是一项具有经济性质的社会活动,是以"游客搬运"为前提,产生游客在异地(住宅生活区域外)进行终端消费的经济效果。这一搬运,把"市场"搬运到了目的地,搬运到了景区,搬运到了商业区,搬运到了休闲区,搬运到了度假区,搬运到了郊区,搬运到了乡村。

旅游者在旅游过程中会在各个方面进行消费,这不仅包括其在旅游目的地的旅游观光消费,同时还涉及交通、饮食、娱乐、游玩、运动、购物等各方面消费,甚至可能涉及医疗、保健、美容、养生、养老、会议、展览、祈福、培训、劳动等非旅游休闲的延伸性消费。通过游客的消费,目的地的消费经济及相关产业链发展就被带动起来了。

不仅如此,旅游行业专家林峰还认为,旅游产业的价值要远远超出一般消费产业的拉动价值。旅游产业在带动目的地消费、GDP、就业增长的同时,还带来了当地居民收入提高、文化品牌价值、环境生态价值、和谐社会建设等一系列良性社会经济效应。

从本质上看,旅游业之所以具有"动力效应",是因为"搬运市场"带来的客观能力,是直接的消费动力。通过搬运,游客产生餐饮、住宿、游乐、购物、会议、养生、运动等综合性、多样化的终端消费,带来"出游型消费经济",进而促使整个旅游目的地形成消费经济链及相关产业的聚集,最终带动当地经济社会的全面发展。

发展旅游业可以更好地实现市场需求和供给的有效匹配,因此在资源丰富而市场不足的一些偏远地区,旅游业的经济带动功能会得到更多的体现,在消除贫困、平衡经济发展方面做出积极贡献。

同时,旅游业还属于劳动密集型产业,可以提供广阔的市场空间、层次丰富的就业机会,可以从整体上带动社会就业,推动社会发展。旅游业在解决少数民族地区居民、妇女、农民工、下岗职工、大学毕业生首次就业者等特定人群就业方面,发挥了特别重要的作用。

此外,旅游产业综合性强、关联度大、产业链长,广泛涉及并交叉渗透到许多相关行业和产业中,如工业、农业、教育、医疗、科技、生态、环境、建筑、海洋等领域,形成了一个泛旅游产业群。旅游业在这一产业群中,带动其他产业发展,并延伸出了一些新的业态,是产业发展的动力。

(四)推动现代旅游业发展具有重要的战略意义

1. 发展旅游业有利于同时提升"软实力"和"硬实力"

旅游的文化特性决定了旅游可以发挥出一个国家或地区的软实力作用。但是,旅游不仅是软实力,更是一种硬实力,这是由旅游业的经济属性和产业功能决定的。旅游业已成为综合性大产业,旅游业关联度大、涉及面宽、拉动力强,对稳增长、调结构、惠民生意义重大。无论是对 GDP 的贡献,对消费、投资、出口的贡献,还是对相关重点行业的贡献、对就业的贡献等,都充分体现了旅游业是一个国家和地区的硬实力。国家旅游局"515"战略中指出:旅游业是软硬兼备、融合度高、覆盖面广、拉动力强的综合性实力,是拉动就业、改善民生、形成国家和地区综合实力的重要标志性产业;是国民精神文化享受、文明素质提升的重要行业;是促进人的全面发展进步的重要事业。

2. 发展旅游业有助于建设美丽中国

生态环境与旅游业休戚相关。旅游是经济社会发展到一定阶段的产物,是人们生活水平达到一定程度后的消费需求。旅游使人们在体力上和精神上得到休息,开阔眼界,增长知识,推动社会发展和文明进步。旅游业是一个产业群,核心是旅游资源、旅游设施、旅游服务,旅游业主要通过劳动服务的形式,满足旅游者进行旅行游览的消费需要,其行业基本特征是非生产性,具有资源消耗低、带动系数大、就业机会多、综合效益好等特性,相对其他产业,旅游业污染环境少、破坏生态少、能源消耗少,是一种绿色产业,是生态文明建设的重要载体。在建设美丽中国和实现生态文明建设过程中,旅游业对生态、文化的保护、利用和开发将发挥至关重要的作用,这对带动整体现代服务业在这一历史性征程中发挥更多、更大作用极为关键。

3. 发展旅游业有利于城市发展变革和国民生活品质提高

现代旅游业的发展对城市产业结构调整、城市功能转变、城市公共服务体系完善、城市文化脉络传承、城市形象整合传播等重要问题的突破起到了至关重要的作用。现代旅游业也越来越多地被国民认为是现代生活不可或缺的一部分和品质生活的重要衡量指标。

第二章　新时期旅游产业的发展与重构

　　20 世纪 90 年代开始,国际旅游收入在世界出口收入中所占比重达到 8%,超过石油、汽车、机电等出口收入,旅游产业正式确立了世界第一大产业的地位并保持至今。到 2020 年,全球旅游产业收入将增至 16 万亿美元,相当于全球 GDP 的 10%;能够提供 3 亿个工作岗位,占全球就业总量的 9.20%。[①] 而随着时代推进,旅游产业也在不断变革,新环境与新技术对旅游产业造成了巨大影响。

第一节　"互联网＋"时代来临

一、"互联网＋"的特点及内涵

(一)"互联网＋"的特点

1. 以人为本

　　"互联网＋"时代最基本的一个特征是以人为本,这是互联网思维的具体体现,不管传统产业与互联网融合得有多深,也得遵

---

　　① 　2018 年中国旅游行业发展现状及发展趋势分析[EB/OL]. http://www.chyxx. com/industry/201804/634265. html.

循最根本的规律：以人为本。以人为本是指以市场为导向，以需求为核心，精益求精做产品和服务。

2. 跨界

"互联网＋"战略的本质就是将互联网与其他领域有机结合，也就是实现新背景下的行业、领域的跨界，"＋"实际上就意味着一种跨界、变革与开放，意味着一种新形式的融合。互联网正在跨界到传统产业，推动信息通信技术与传统产业的全面跨界与融合。大数据和云计算等信息通信技术成为产业跨界的技术基础。互联网不仅横向跨界，而且纵向跨界。

（1）纵向跨界

"互联网＋"正在从信息传输逐渐跨界到销售、运营和制造等多个产业链环节，并将互联网进一步延伸，形成人与物、物与物的全面连接，促进产业链的开放融合。

（2）横向跨界

"互联网＋"以信息通信业为基础，全面跨界到第三产业，形成了互联网金融、互联网教育、互联网交通等新业态。同时，"互联网＋"也向第一、第二产业跨界，如工业互联网在从消费品工业向装备制造、新材料新能源等领域渗透，促进跨产业的融合；互联网与传统农业跨界融合，推进我国农业生产的精确化、智能化和高效化。

3. 创新

创新是产业发展的根本动力，尤其是在当前这个知识经济时代，创新已经成为推动社会进步和国家发展的重要力量源泉。我国早期粗放的资源驱动型增长方式遇到发展瓶颈，必须转变到创新驱动的道路上来。创新是互联网的精神所在。互联网与各行各业跨界融合之后，将从商业模式、科技以及管理三方面进行创新，从而赋予传统产业新活力、新动力。

（1）"互联网＋"推动商业模式创新

"互联网＋"引发商业模式发生了很大的变化，它改变了人们的生活方式，改变了人和人的沟通方式，也改变了企业经营模式，在创造一些过去所没有的形态，也在使一些传统的商业模式逐渐消亡。互联网与传统产业之间的双向渗透演绎出新的商业模式，原有的商业模式被基于互联网的全新规则所代替。其中，移动互联网的爆发给传统产业带来更多机会，推动过去的产品模式向服务模式转变。商业模式的创新从市场需求角度出发，要能为用户提供独特的价值。"互联网＋"商业模式的创新催生了"创客经济"和"众筹模式"。

"互联网＋"带动众筹模式发展。众筹即大众筹资或群众筹资，具有低门槛、多样性、依靠大众力量、注重创意的特征。众筹一般是透过互联网平台连接起赞助者与提案者。众筹在"互联网＋"时代拓展了投融资渠道，很符合互联网金融借小钱办大事的特性，灵活性强。

"互联网＋"推动创客经济发展。"互联网＋"将会变成一个巨大的创业平台，在互联网上形成了越来越多的、垂直的共同利益相关者和共同兴趣相关者所组成的不同创业群体，这个群体被称为"创客"。这个群体所构造的新的商业生态、新的生活生态，都会改变现存的商业模式。创客经济预示着万众创新的时代到来。

（2）"互联网＋"推动科技创新

科技创新是指创造和应用互联网新知识、新技术、新工艺，采用互联网思维的新生产方式和经营管理模式，开发新产品，提高产品质量，提供新服务的过程。物联网、云计算、大数据等新一代信息通信技术的科技创新为经济社会发展带来了历史性的变革，是科技创新的典型代表。

（3）"互联网＋"推动管理创新

随着互联网不断发展，新技术基础上产生了各种新模式、新业态，对传统的管理产生颠覆性的挑战。信息技术引领的现代科技的发展推动了管理创新,这既包括宏观管理层面上的制度创新,也包括微观管理层面上的具体方法的创新。

4. 重构产业

随着互联网的发展。原有的产业结构发生了重大变化,并且这种结构性变化还将随着技术革新不断升级。未来,在移动互联网、云计算、物联网等技术的推动下,原有的信息不对称格局将进一步被打破,依托于大数据整合,传统行业与互联网融合的平台和模式将发生改变。例如,以教育行业为例,互联网将实现优质教育资源的共享,改变教育行业的价值取向,将单一以成绩为主导的教育转变为对个性的全面认可和挖掘。例如,传统的零售业和制造业,有望被面向消费者的个性化定制取代。

(二)"互联网+"的内涵

在互联网刚出现时,很多人将互联网作为一种新经济、虚拟经济看待,认为互联网与传统产业之间不会产生太多联系,或是认为互联网和传统行业存在冲突,是颠覆、取代、捣乱甚至是对立的关系。第十二届全国人民代表大会第三次会议上,李克强在政府工作报告中提出"互联网+"行动,自此以来,关于"互联网+"以及"互联网+"与O2O的关系的讨论增多。"互联网+"以互联网平台为基础,利用信息通信技术与各行各业跨界融合,推动各行业优化、增长和创新。同时,"互联网+"催生下的新产品、新业态和新模式层出不穷,彼此交融。

2012年,"互联网+"的概念首次被提出,这是在"互联网化"发展基础上形成的新概念,强调互联网与各传统产业进行跨界深度融合。"互联网+"是我国工业和信息化深度融合的成果与标志,也是进一步促进信息消费的重要抓手。

"互联网+"从本质上看是一种全新的经济形态,"互联网+"可以充分发挥互联网在生产要素配置中的优化和集成作用,将互联网的创新成果深度融合于经济社会各领域之中,提升实体经济的创新力和生产力,形成更广泛的以互联网为基础设施和实施工具的经济发展新形态。马化腾认为"互联网＋"是以互联网平台为基础,利用信息通信技术与各行业的跨界融合,推动产业转型升级,并不断创造出新产品、新业务与新模式,构建连接一切的新生态。阿里《互联网＋研究报告》认为,所谓"互联网＋"就是指,以互联网为主的一整套信息技术(包括移动互联网、云计算、大数据技术等)在经济、社会生活各部门的扩散应用过程。

1. 互联网在"互联网＋"中发挥的作用

互联网在"互联网＋"中的作用主要体现在以下两个方面。第一,用互联网的思维来改造与提升传统产业。互联网思维,就是在大数据、云计算等科技不断发展的背景下,对市场、用户、产品、企业价值链乃至对整个商业生态进行重新审视的思考方式。互联网思维是降低维度,让互联网产业低姿态主动去融合实体产业。第二,利用互联网技术进行全面连接、无缝连接。互联网通过 PC 或移动终端,实现人与人、人与物、人与服务、人与场景、人与未来的连接。

2."互联网＋"中"＋"的意义

"互联网＋"就是互联网与各行各业的有机融合,其中"＋"就意味着融合,在与互联网有机融合的背景下,各行各业尤其是传统行业迎来了新的发展。简单地说,就是"互联网＋××传统行业＝互联网××行业",实际的效果绝不是简单地相加。"互联网＋"是将互联网作为当前信息化发展的核心特征提取出来,并与第一、二、三产业全面融合,这种融合不是一加一等于二,而是一加一大于二。

二、互联网＋旅游的有机融合

截至 2018 年 6 月,我国网民规模为 8.02 亿,上半年新增网民

2 968 万人,较 2017 年末增加 3.8%,互联网普及率达 57.7%。[①] 互联网对于旅游者的旅游决策、旅游消费、旅游行为等都具有很大的影响。互联网让说走就走的旅行成为可能、变成了现实,互联网与旅游产业是可以天然融合的。移动互联网在与旅游的天然耦合性上表现更为突出。

(一)互联网与旅游业实现天然融合的原因

旅游业强调个体体验,是一种典型的体验消费,非常适合于020,即信息流、资金流在线上传递,实体服务和体验在线下完成。互联网从旅游产品、旅游消费者(旅游者)、产业(旅游服务业)三个维度适应了旅游的本质特征与发展趋势,具体表现如图 2-1 所示。

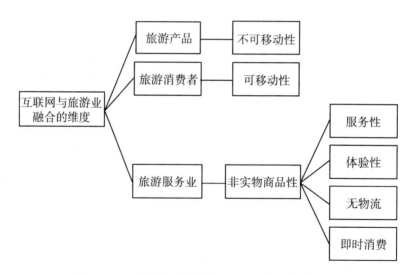

图 2-1　互联网与旅游业实现天然融合的原因

1. 旅游产品

旅游是一项异地性社会活动,这就决定了旅游产品也具有明显的异地性特征,本质上说旅游产品就是在异地的旅游景区、酒

① 42 次《中国互联网络发展状况统计报告》[EB/OL]. http://www.cnnic.net.cn/hlwfzyj/hlwxzbg/hlwtjbg/201808/t20180820_70488.htm.

店等一系列要素的组合,且具有不可移动性,也就是说如果是旅游者尚未去过的旅游目的地,那么他们无法在真正实施旅游行为、进行旅游体验之前亲眼看到旅游产品,只有旅游者移动到旅游目的地,旅游产品才具备了真正意义上的产品内涵。

因为旅游产品具有异地性,因此一般情况下旅游产品是无法移动的,这就要求旅游消费者需要根据实际需要,通过合理、多元的渠道了解旅游产品以进行选择、购买。传统的渠道包括旅行社、电视广告、报纸广告、旅游手册等,但信息量小,且旅行社和广告在信息传播过程中会掩盖旅游目的地和旅游产品的不足,过分宣传甚至夸张宣传旅游目的地和旅游产品的优点,在一定程度上误导旅游者。而互联网渠道则信息量丰富、公开,让旅游者在旅游目的地和旅游产品信息的获取上没有了明显的劣势和被动,旅游目的地和旅游产品的信息日益透明化,尽管旅游产品是不可移动的。因此,就旅游产品的不可移动性而言,互联网与旅游产业实现了天然融合。

2. 旅游消费者

旅游消费者是进行旅游这一项活动的主体,需要从自身所在地移动至旅游目的地,因此其实具有可移动性的,在其前往旅游目的地之前,体验旅游产品之中和之后,都需要查询旅游目的地和旅游产品的相关信息,购买相关产品,也可能需要改变旅游行程、分享旅游感受、进行旅游投诉等,互联网的大信息量、多平台化、高速度性等特征,满足了旅游者的上述需求。

当前,随着网络社交平台的发展,旅游消费者不再仅仅可以从广告中了解旅游目的地和旅游产品的优缺点,同时还可以在网络平台上通过日益增多的旅游者游记、攻略、评价等辅助自己思考和决策,这些游记、攻略、评价等也越来越多地影响着旅游决策和旅游行为,其包含着旅游目的地和旅游产品的文字介绍、图片甚至音频、视频,还承载着旅游者的情感表述与体验展现,很多时候旅游者因为一篇游记而选择了某个旅游目的地和旅游产品,因为一篇攻略而设计旅游行程,也会因为一个评价否定某个旅游目的地和旅游产品。因此,就旅游消费者的移动性角度而言,互联网与旅游产业实现了天然融合。

3. 旅游服务业

首先,旅游服务业的本质是面向消费者提供的一种服务,因此服务性是其基本属性,旅游服务的内容、质量、价格等信息都可以通过互联网传播,旅游者也可以通过互联网查询、选择、购买、退换、投诉、建议、分享等。其次,旅游服务业具有体验性,旅游者只有亲身体验才能获得对旅游目的地和旅游产品的全面信息和真实感受,而其他旅游者则可以通过互联网共享信息和感受,为自己的决策和出行提供支撑。再次,旅游服务不可通过物流传递,特别是与工业和制造业相比,旅游服务其实是一种人与人交流、沟通的过程,也是旅游者内心体会、深度体验的过程,互联网为这种交流、沟通提供了良好平台,也为这种体验提供了良好环境。最后,旅游服务业需要及时消费,互联网的日益丰富、便捷、安全的交易平台和渠道恰恰满足了这点。因此,立足于旅游服务业角度,互联网与旅游产业具有天然融合性。

通过以上分析可以看出,随着互联网尤其是移动互联网的发展,人们可以简单快捷地获取旅游信息,可以基本上满足旅游者的信息需求和沟通要求,适应了旅游产业的本质特征和发展趋势,两者之间实现了天然融合。

(二)互联网与旅游业的多维度融合

1. 管理方面的有机融合

在互联网背景下,旅游管理发生了一定变化,旅游业与互联网在管理方面的融合主要表现在两个方面。一方面,是指旅游政府部门在行业管理方面的发展变革;另一方面,是指旅游企业在内部管理方面的发展变革。这两个方面的发展变革主要体现在及时性与智能化两个维度。

（1）互联网提高了旅游管理的及时性

旅游政府部门可以即时公布近期重大抉择、重大事件，并且公示旅游政府部门对本地旅游行业的服务承诺、监管力度，提升其高效、可靠的正面形象。旅游企业可以将企业发展动态、政策变化、技能素养、旅游者特点等关键信息在部门、员工之间做及时沟通与处理。无论是旅游政府部门还是旅游企业，其在管理方面的及时性将有利于旅游业更好地服务旅游者。

（2）互联网实现了旅游管理的智能化

通过信息技术设施实现办公信息化和智能化，方便与员工的管理及业务调度，提升旅游政府部门和旅游企业的管理水平。尤其是大数据、云计算等新技术的应用，为旅游管理的智能化提供了重要基础，旅游管理的智能化又进一步提升了旅游管理效率，同时还为旅游消费者带来了更好的体验。

2. 营销方面的有机融合

信息技术的不断发展和升级促进了旅游营销的发展与升级，在旅游营销与传播活动的各个环节，都在一定程度上受到信息技术的影响发生了转变。传统旅游营销主要是借助传统媒体来进行，即通过报刊、电台、电视等来开展，接受人群较为单一，且成本较高、信息承载量小，导致最终的旅游营销与传播宣传效果不理想。在移动互联网技术的带动下，互联网与旅游业在营销方面的融合主要表现在以下三个方面。

（1）旅游营销的精准性得到提高

传统媒体辨别用户的能力十分有限，无法准确定位到单独的个人。先进的互联网特别是移动互联网技术为精准营销提供了保障，这样互联网与旅游营销的融合可以更为有效地开展旅游产品宣传，提升旅游目的地整体形象和知名度。精确营销的前提是对旅游市场各类数据的分析研判，旅游城市和旅游景区等旅游企业应该以国家智慧城市试点为契机，加快智慧旅游体系建设，利用云计算、物联网等新技术,智能感知涵盖旅游及相关行业的各类市场信息,主动采集旅游者的类型、消费偏好等数据资料,推进旅游营销迈向精准化的目标定位,推动旅游产品投向个性化的私人定制。

(2)旅游营销实现了即时互动

互联网与旅游营销的融合特别是移动互联网技术能够使旅游者与供应商、旅游者与旅游者之间实现即时互动。在旅游过程中,旅游者可以通过互联网在旅游政府和旅游企业的专用入口和窗口与旅游政府和旅游企业保持即时互动,可能是对旅游政府的投诉建议,也可能是与旅游企业的预订交易、投诉建议等;旅游者可以通过手机使用微信、微博、QQ 等 APP,记录旅游中的点点滴滴,并将各种感受及时与大家分享,这将成为旅游者与外界交流的一种重要手段。通过互动信息交流,旅游者可以更好地了解旅游目的地情况并做出旅游决策;通过互动体验分享,旅游者将自己的旅游体验即时分享给其他人,扩大旅游目的地的知名度和美誉度,影响其他人的旅游行为。

(3)旅游营销成本降低

伴随着信息技术的发展、变革、进步,基于互联网的旅游营销的成本日益降低,各种旅游营销平台如雨后春笋般活跃在旅游业的大舞台上,很多旅游营销的开展都基于移动互联网平台,信息传播快、范围覆盖广。通过对旅游会员的优惠,吸引更多的消费者,提升销售业绩,丰富与客户之间的渠道,提升营销力度。因此,在线营销系统大大节约了旅游企业的营销成本。不仅如此,线上线下相结合的营销模式也达到了更好的效果。

随着互联网与旅游业在各个方面的融合,旅游营销的变革贯穿于旅游企业与旅游者之间、旅游企业与旅游政府部门之间、旅游企业与其他相关企业或部门之间的沟通渠道中。从旅游需求方——旅游者的角度来讲,旅游者借助营销平台,不仅能更方便地获得旅游信息,而且还可以与旅游政府部门、旅游企业、其他旅游者进行互动。从旅游供给方——旅游政府部门和企业来讲,互联网与旅游营销的融合有利于营销传播旅游目的地的整体旅游形象,在旅游消费者中建立良好的口碑。

3. 服务方面的有机融合

实际上,互联网与旅游业的融合最基础的就在于服务方面的融合,这是互联网与旅游业各方面有机融合的基础,二者的融合主要包括以下方面。

(1)为旅游者提供全时间的便捷服务

互联网与旅游业的融合可以为旅游者全时间(行前+行中+行后)提供便捷服务,如图 2-2 所示。

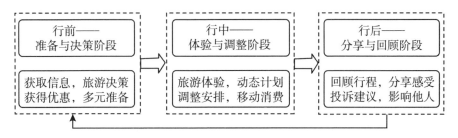

图 2-2　全时间提供便捷服务

首先,在互联网与旅游业融合的基础上,可以为旅游者提供出行前的便捷服务,也就是在旅游准备与决策阶段提供相应服务。旅游者通过互联网渠道获取关于旅游目的地的具体信息,包括景区、酒店、旅行社、往返交通、气候、签证等。这些渠道可以是旅游电子商务平台、在线旅游服务商网站、微信、微博等社交平台、旅游公共服务网站等。经过自我分析与多重比较,旅游者在互联网上通过其他旅游者分享的游记、攻略,听取亲朋好友、同行群体的意见,做出最终选择,预订进而在互联网上进行预订、购买,特别是在购买过程中还可以通过团购、秒杀、优惠券等途径获得优惠。

同时,随着相应技术不断发展和更新,旅游体验前置的服务还在逐步升级(图 2-3),旅游者可以通过文字、图片、视频、3D 等全媒体途径,在出行前对旅游目的地和旅游产品等情况进行全方位的了解,让旅游者带着对旅游目的地的印象上路,这些旅游服务将对准备和决策阶段的旅游者制订旅游计划、设计旅游线路、进行旅游抉择等具有积极的影响。

图 2-3　旅游体验前置的服务逐步升级

其次,在旅游者的旅游途中,可以利用互联网为其提供便利服务,即更好地为旅游者提供体验与调整阶段的服务。旅游者在到达旅游目的地进行旅游体验时,更多的是通过手机终端等智能终端借助移动互联网动态查询、安排、预订、购买、投诉、咨询、分享旅游行程,根据体验的具体时间、空间、心情、身体等多方面因素,调整旅游行程与安排,以获得更好的旅游体验。特别是伴随着智慧旅游的发展,旅游企业、旅游行政管理部门可以更为便捷、迅速地与旅游者互动并提供及时、全面的服务。

最后,基于互联网和旅游业的有机融合,还可以使旅游者在旅游结束后获得更好的体验,也就是使旅游者在旅游的分享与回顾阶段获得更好的体验。旅游者在返程途中或者回到客源地,会通过互联网回顾旅游过程、分享旅游体会、投诉服务不足、建议未来发展,旅游者此时的所发、所感、所为通过互联网影响了其他潜在旅游者。同时,人们也在互联网提供的多元、多样平台中为下一次旅游做心情、心理、知识等方面的启发与准备。

从以上分析可以看出旅游者在行前、行中、行后三个阶段都可以获得便捷的旅游服务,实现了在互联网和旅游业充分融合背景下旅游服务的全时间覆盖。

(2)为旅游者提供全空间的便捷服务

旅游是一项基于空间的社会活动,旅游的整个过程实际上就是空间的转换与回归的过程,在上述行前、行中、行后的全时间的过程中,旅游者在家准备、离家起程、旅行路上、旅游体验、返程归家,经历了旅游客源地、旅游交通路途、旅游目的地的全空间转换,旅游企业和旅游行政管理部门通过互联网特别是移动互联网向旅游者提供服务。这些服务是全面、综合的,包括旅游广告、旅游促销信息、旅游交通和天气等公共服务信息、意外事件通告与安全提示、预订购买旅游产品通道、退换旅游产品渠道、投诉建议窗口、分享旅游经历平台等,如图 2-4 所示。

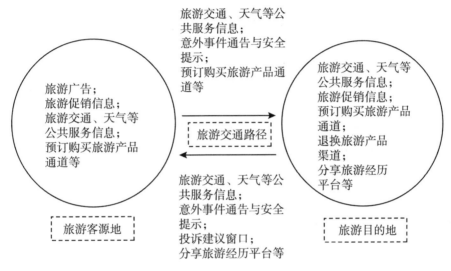

图 2-4　全空间提供便捷服务

　　首先,基于互联网与旅游业的有机融合,可以在旅游客源地为旅游者提供便捷服务。旅游者可以接收到旅游广告、旅游促销信息、旅游交通和天气等公共服务信息,这些信息使旅游者可以便捷地了解旅游目的地和旅游产品,并且做出旅游决策,而预订购买旅游产品的通道等使旅游者便捷地实现了预订和购买支付。

　　其次,基于互联网与旅游业的有机融合,可以在旅游客源地到目的地的途中为旅游者提供便捷服务。旅游者可以接收到旅游交通和天气等公共服务信息、意外事件通告与安全提示、预订购买旅游产品通道等旅游服务,以使旅游者的出行安全得到保证,并且可以使旅游者根据各种情况调整旅游行程、退订旅游产品。

　　再次,基于互联网与旅游业的有机融合,可以在旅游目的地为旅游者提供便捷服务。旅游者可以接收到旅游交通、天气等公共服务信息和旅游促销信息等旅游服务,旅游者可以灵活安排旅游体验计划,同时可以根据实际情况进行调整,而便捷的预订购买旅游产品通道和退换旅游产品渠道使旅游者可以轻而易举地实现旅游交易,同时各种分享旅游经历平台可以使旅游者将旅游经历和收获分享给他人。

最后,基于互联网与旅游业的有机融合,可以在旅游目的地返回客源地的路途中为旅游者提供便捷服务。旅游者可以接收到旅游交通和天气等公共服务信息、意外事件通告与安全提示、投诉建议窗口,以及旅游经历分享平台等旅游服务,以使旅游者的出行安全得到保证,并且可以使旅游者表达不满、进行投诉或者提出建议,而分享旅游经历平台也一直对旅游者开放。

(3)互联网与旅游时空融合后的旅游业变革

在互联网与旅游服务融合过程中,旅游服务朝着信息化、智慧化的方向发展,这种变革主要体现在以下几个方面。

第一,带来了旅游服务的数字化变革。由于旅游者身处的目的地区域通常对他们来说都是相对陌生的,因此旅游者在旅途中需要随时了解当前的位置信息及周边的交通、餐饮等旅游服务信息。在互联网时代,伴随着信息获取、处理和输出技术的发展,导航服务、数字地图等可以非常方便地对普通地图的内容进行任意形式的要素组合、拼接,形成新的地图形式以方便旅游者识别与利用。

第二,带来了旅游服务的实时化变革。实时信息化指的是系统为用户提供当前的、最新的、与实际情况一致的信息。旅游业在信息服务上有很高的实时性要求。例如,旅游者在查询航班时,系统应该准确地告知有无余票。一个完整、科学的旅游电子商务的业务流程一定是建立在实时信息的基础上的,互联网通过动态数据库、随时在线等技术为用户提供实时信息。

第三,带来了旅游服务的个性化变革。在互联网时代,特别是伴随着移动互联网技术的广泛应用,通过移动的 WEB/WAP

平台,对用户的个性化需求有更加详细的了解,从而可以有针对性地提出更加个性化的服务方案。随着网络带宽的增长、流媒体技术的应用,更多的信息服务商加入到网络中来,为用户提供个性化信息服务将成为主流。例如,旅游者在用手机预订酒店时,不仅可以准确地知道是否有空房,还可以根据实景图片、视频来选择饭店主题和客房类型。

第四,带来了旅游服务的便捷化变革。在旅游交易与业务中,传统的现金、信用卡、旅行支票等支付方式还将继续存在。但是通过互联网的支付业务已逐步全面展开,由于其便捷性,正在从边缘的支付方式上升为主流方式。身份认证、访问授权、数据加密和完整性等技术和手段有效地控制了互联网安全隐患,一个更安全可信的网络平台已经建立。如支付宝钱包 APP,信用卡支付中的很多业务都可以通过互联网来完成。

第五,带来了旅游服务的分享化变革。旅游者可在移动智能终端上使用微信、微博等这些即时聊天 APP,将旅途中的所见所闻、所思所想第一时间发布和传播出去,特别是旅游者在旅游过程中,将拍摄的图片和录制的视频通过网络实现即拍即发,真实、丰富、动态,对其他旅游者的影响也更加直接。

第二节　旅游信息化与数字化

一、旅游信息化

(一)旅游信息化的概念

旅游信息化是指利用现代信息技术促进传统旅游业在各个环节的变革,也就是在生产、分配和消费等各方面充分运用信息技术,通过旅游业的信息化发展促使旅游产业的资源整合,推动旅游产业的快速发展。尽管旅游信息化已被学者和政府提了多年,但至今仍然没有一个明确的官方界定,本书认为旅游信息化是指充分利用信息技术、数据库技术和网络技术,对旅游有关的实体资源、信息资源、生产要素资源进行深层次的分配、组合、加工、传播、销售,以促进传统旅游业向现代旅游业的转化,加快旅游业的发展速度,提高旅游业的生产效率。旅游信息化的表现形式主要有旅游企业信息化、旅游电子商务、旅游电子政务等。旅游企业信息化主要是旅游相关企业的信息化,旅游相关企业可以通过建设信息网络和信息系统,调整和重组企业组织结构和业务模式,提高企业的竞争能力;旅游电子商务是指与旅游活动相关的电子商务平台构建或交易的信息化,旨在利用现代信息技术手段宣传旅游目的地、旅游企业并促销旅游产品,加强旅游市场主体间的信息交流与沟通,提高旅游市场运行效率和服务水平;旅游电子政务指各级旅游管理部门,通过构建旅游管理网络和业务数据库,建立一个旅游系统内部信息上传下达的渠道和公共信息的发布平台,实现各项旅游管理业务处理和公共信息服务。

(二)旅游信息化的内涵

旅游信息化的内涵具有十分丰富的内容,包括旅游服务信息化、旅游网络营销、旅游电子商务等,这几个方面从不同的维度构成了旅游信息化的整体框架,如图 2-5 所示。

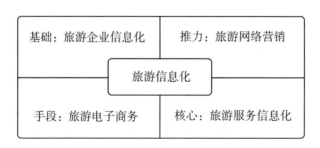

图 2-5　旅游信息化的整体框架

1. 旅游网络营销

在互联网时代,旅游营销必须做出转变,只有充分利用互联网才能更好地抓住营销机遇。具体来说,旅游网络营销就是旅游企业和旅游城市整体营销战略的一个组成部分,是为实现企业总体经营目标所进行的,以互联网为基本手段营造网上经营环境的各种活动。旅游网络营销是旅游企业通过互联网对旅游产品和旅游服务类信息进行传播的一种方式,网络营销是旅游企业获得在线旅游市场竞争地位的一种直接手段,由于信息化改变着旅游消费者的生活与行为习惯。在线旅游市场的发展非常迅速,自然也就成了旅游企业新的竞争领域。

网络营销与传统影响相比可以节省成本,丰富营销形式,同时还可以利用信息技术对营销数据进行科学监测和分析,从而科学地控制投入产出比。随着互联网在我国的发展和普及应用,自2000年开始就有很多旅游企业开展网络营销活动,创建自己的网络在线业务平台。随着信息化时代的来临,信息技术对旅游企业产生了越来越广泛和深刻的影响,企业对网络营销的掌握水平也有了显著的提高,当前,网络影响已经成为旅游企业的主要营销方式,而网络营销市场的竞争也愈加激烈。旅游网络营销的渠道多种多样,其中比较常见的包括搜索引擎、在线社区、门户类网站、专业旅游网站等,同时旅游企业还经常利用那些旅游者经常访问的生活消费类网站进行营销宣传。旅游网络营销的形式也十分丰富,如竞价排名、点击付费、流量付费和效果付费等都是比较常见的营销形式。

2. 旅游服务信息化

现代旅游业是基于信息技术发展的信息密集型行业,各种旅游信息贯穿了整个旅游活动,旅游者要依靠这些旅游信息完成旅游活动,满足自身的旅游需求。实际上,旅游者的思维和行为具有很明显的规律性,首先旅游者会产生旅游需求,之后会根据实际需要寻找旅游目的地,而这个过程就是旅游者收集旅游目的地相关信息的过程。在明确旅游目的地后,旅游者还会收集大量旅游目的地的信息,从而以此为基础制订自己的旅游计划。此后,旅游者会考虑各种旅游产品的采购,包括住宿、交通等,这些内容实际上也是旅游信息。同时,旅游者在旅游途中也需要各种旅游信息帮助他们更好地开展各类活动,例如旅游者需要了解目的地的交通情况、景区的游览线路等。由此可以看出,旅游信息在整个旅游过程中起到了重要作用,而与之相应的旅游信息服务则是帮助旅游者顺利开展旅游活动的重要内容,也是旅游信息化工作中的核心内容。

当前,随着互联网尤其是移动互联网的普及使用,很多旅游目的地通过文字、图片、视频、语音等手段在旅游网站上展示,也通过微博、博客、社区论坛、QQ 等现代化的沟通工具进行宣传,从而以最快的速度、最低的成本在最广的范围内将旅游中的食、住、行、游、购、娱等信息迅速地传达给终端消费者,达到信息化为旅游业所用的目的。随着信息技术不断升级,还会有越来越多的企业通过各种方式和形式运用互联网进行宣传。

此外,为了提供更好的旅游服务,很多地区搭建了旅游咨询平台和旅游呼叫中心,以此提高旅游服务的效率和水平,不同的地区有自己特有的号码,如厦门市旅游呼叫服务号码为"968118"。旅游者来到厦门,可以通过此号码进行各种旅游相关信息的咨询、进行业务交易或投诉该呼叫服务。还与厦门旅游网联合,创造性地把电子政务与电子商务结合起来,为游客和市民提供旅游资讯和在线预订服务。游客和市民拨打本地区"968118"旅游热线按市话计费,异地拨打加拨长途区号,按长途计费。"968118"旅游热线以人工座席为主,能够满足游客和市民的各类旅游需求。

3. 旅游电子商务

随着互联网的发展,电子商务走进了人们的生活,目前电子商务已经成为世界范围内广泛采用的交易模式。电子商务通常是指在全球各地广泛的商业贸易活动中,在互联网开放的网络环境下,基于浏览器/服务器应用方式,买卖双方不用面对面地进行各种商贸活动,而实现消费者的网上购物、商户之间的网上交易和在线电子支付以及各种商务活动、交易活动、金融活动和相关的综合服务活动的一种新型的商业运营模式。事实证明,电子商务技术已经是一种成熟的信息技术,并被广泛地应用在众多的消费领域中。在欧美发达国家,旅游电子商务的应用已经非常普遍,旅游电子商务所产生的价值占整个旅游市场总份额的 60% 以上。在我国,携程网和艺龙网也是通过电子商务成为纳斯达克的上市公司的。

在这样的背景下,旅游业与电子商务的结合成为一种必然趋势,是实现旅游信息化的重要内容,是旅游企业应用信息化技术实现盈利的手段。旅游企业对信息化技术的掌握,直接目的是提高企业在在线旅游市场中的份额,并最终获得可观的利润。因此,旅游电子商务是对旅游信息化工作效果的最好检验。旅游电子商务主要内容包括对旅游产品的发布、在线旅游预订流程的设定和在线支付系统的对接。旅游产品中可以标准化的部分,已率先进入了电子商务的阶段,比如在线机票预订和酒店预订。旅游电子商务也是推动国内旅游产业向境外发展的重要保障手段。旅游电子商务已经改变了国外旅游者的消费习惯,因此,尽快让国内旅游企业普及旅游电子商务技术的应用,也是发展入境旅游的一个关键措施。

二、旅游数字化

(一)旅游数字化的内容

1. 旅游教育数字化

我们可以大体上将旅游教育数字化划分为两部分内容,即旅游教育手段数字化和旅游教育管理数字化。旅游教育手段数字化一方面可以通过远程教育技术进行远程教育,为旅游企业进行人员培训;另一方面可以通过虚拟现实技术为旅游专业的学生提供实习的模拟环境,为旅游教育提供技术手段与技术支持。旅游教育管理数字化主要是把旅游专业的课程设计与社会和企业的反馈、评价结合起来,为旅游管理专业课程设置的优化提供依据,并可对旅游管理专业的教学效果进行评判,找出优劣,提高教学质量。

2. 旅游服务数字化

发展数字旅游,景区也应该重视数字化工作,旅游区应该根据自身实际情况建立官方旅游网站,此外,重要景点、酒店、餐饮、旅行社等也应该搭建自己的网站,并且与上级主管部门的旅游网站链接,从而构建一个全面完善的旅游网站体系。旅游区的旅游网应当具备信息发布、信息查询、互动交流等基本功能,因此,也应当具有旅游资源介绍、线路设计、宾馆饭店介绍、旅行社介绍、旅游交通信息、购物娱乐信息、旅游新闻、政策介绍、特色餐饮、相关链接、旅游服务、旅游社区、虚拟旅游等基本内容。在旅游区的网站上公布公众投诉电话,建立旅游社区,接受游客的投诉建议、反馈意见等。

3. 旅游营销数字化

旅游营销数字化要求旅游企业积极开展网络营销,旅游企业可以利用网络广告,进入著名搜索引擎,同相关旅游网站合作,互相加入友情链接,主要包括各省市的政府旅游网站及著名的旅游商业网站,在门户网站的旅游频道中增加旅游区的旅游内容,利用电子邮件发送广告、电子杂志,建立网上预订服务系统,包括预订机票、火车票、汽车票、客房等。

4. 旅游产品和旅游纪念品数字化

旅游产品数字化主要体现在景区景点的宣传方面,利用现代信息技术,实现景区景点形象的更快更广地传播,使景区景点的形象在更大的人群范围内得到传播。原来通过传统手段进行宣传,既费时又费钱,宣传的范围又很狭窄,不利于景区景点的国际化推广。旅游纪念品数字化是利用本地的特色开发特色化的旅游纪念品,最好是在其他地方不容易买到。由于现在很多消费者都愿意网购,通过网络化的宣传可以让偏僻的景区或乡村能够快速简单地推荐具有自身特色的纪念品,而且范围可以扩大到世界各地。

(二)旅游数字化的总体框架

从整体上来说,数字旅游是数字地球、数字中国的重要组成部分,发展数字旅游实际上就是推动数字中国、数字地球的发展,数字旅游以国家、省、城市的基础信息建设为依托,同时与其他领域的数字化建设相互独立又紧密联系,其内容包括旅游信息基础设施的建设与旅游应用信息系统工程的建设。总体框架包括以下 3 部分,如图 2-6 所示。

首先,技术支撑是旅游数字化的基础。数字旅游支撑的关键技术包括宽带网络、地理信息系统、遥感、全球定位系统、多元数据融合、数据挖掘、虚拟现实、手机 3G 等。

其次,各种管理信息系统是旅游数字化的核心内容。数字旅游体系建设的核心内容是旅游应用信息系统工程的建设,包括旅游非空间信息管理系统与旅游空间信息管理系统,由若干子系统组成,分别是:旅游信息管理系统、旅游信息网络发布系统、旅游目的地信息咨询系统、三维虚拟旅游系统、旅游管理与规划信息系统、旅游灾难预警系统等。

最后,旅游数字化整体框架下,有明确的服务对象,主要包括政府主管部门、旅游企业、旅游者以及旅游专业的学生。归根结底,数字旅游就是提供旅游信息服务,为政府主管部门提供决策依据,提高政府的工作效率,由传统政府向电子政府过渡;为旅游企业及时提供旅游信息,为企业的市场营销、线路设计提供技术上的支持;为旅游者个人提供旅游地的各种旅游信息预订服务,并可根据旅游者的喜好为旅游者制定特色路线,虚拟现实技术可让旅游者提前进行体验;为旅游专业的学生提供虚拟的实习环境,为旅游教学服务。

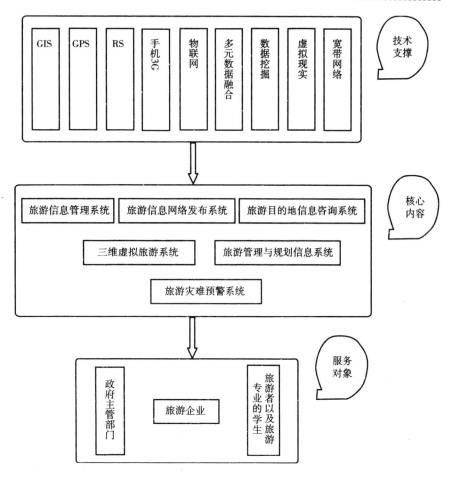

图 2-6　数字旅游总体框架

第三节　旅游智慧化——智慧旅游的提出

一、智慧地球的提出

　　智慧地球是 2008 年首次被提出的,2018 年 11 月 6 日,美国 IBM 总裁兼首席执行官彭明盛在纽约市外交关系委员会发表演讲《智慧地球:下一代的领导议程》。自此,智慧地球这一概念开始被大家接受并广泛应用,智慧地球的概念给人类构想了一个全新的空间——让社会更智慧地进步,让人类更智慧地生存,让地球更智慧地运转。

2009 年 1 月 28 日,奥巴马与美国工商业领袖举行了一次"圆桌会议"。在本次会议上,IBM 首席执行官彭明盛再次提出"智慧地球"这一概念,他分析了新一代的智慧型基础设施的短期效益和长期效益,并指出美国政府应该在该方面加大投资。奥巴马对彭明盛提出的这一建议给予了积极的回应,之后便签署了经济刺激计划,加大了对新一代智慧型基础设施的投入,在智慧电网方面批准投资 110 亿美元,智慧医疗方面批准投资 190 亿美元,宽带网络建设方面批准投资 72 亿美元。而这不仅意味着美国的智慧型基础设施向前迈进了一大步,同时意味着智慧地球真正意义上从概念走向了实践。

2009 年 2 月 24 日,IBM 大中华区首席执行官钱大群在 2009 年 IBM 论坛上公布了名为"智慧地球"的最新策略,制定并实施该策略就是为了更好地倡导并落实智慧地球战略。IBM 始终强调,建设和实施"智慧地球"是一项对人类社会进步具有重要意义的战略,这不仅仅体现在对经济、就业等方面的短期刺激作用上,并且可以在短时间内打造一个成熟的智慧基础设施平台。通过实施"智慧地球"战略,人类可以对生产和生活进行更加精细的、动态的管理,能以更加精细和动态的方式管理生产和生活,在各个方面实现"智慧"后,最终形成"互联网＋物联网＋智慧地球"的发展模式。IBM 之所以强调建设"智慧地球"的重要性,因为他们深刻地意识到互联互通是推进人类社会进步的方式。在该发展战略被提出时就可以看出,这一系统和流程会在实体商品的开发、制造、运输和销售等各个方面起到重要的推动作用,会对人们生活的各个方面产生巨大影响,会对数十亿人的工作和生活产生影响。

从某些层面来说,智慧地球可以理解为智能地球,具体来说就是在电网、铁路、桥梁、隧道、公路、建筑、供水系统、大坝、油气管道等物体中嵌入或装备上感应器或其他传感设备,使各个方面、各个环节连接在一起,通过传感器形成"物联网",之后再将

"物联网"与互联网连接在一起,有机地将物理系统接入人类社会,实现二者的有效互动。智慧地球有以下两个方面的特征。

第一,智慧地球可以带来更透彻的感知,这种感知不同于传统传感器,是一种超越性的、更为广泛的概念。具体来说,它是指利用任何可以随时随地感知、测量、捕获和传递信息的设备、系统或流程。通过使用这些新设备,从人的血压到公司财务数据或城市交通状况等任何信息都可以被快速获取并进行分析,便于立即采取应对措施和进行长期规划。未来该技术将被嵌入各种设备中,如车、器具、道路等。传感器将被利用到整个生态系统供应链、医疗保健网络、城市,甚至河流等自然系统中。

第二,智慧地球可以实现智能化,也就是说可以利用各种全新的信息技术对收集到的数据进行深入分析,以获取更加新颖、系统且全面的洞察来解决特定问题。这要求使用先进技术(如数据挖掘和分析工具、科学模型和功能强大的运算系统)来处理复杂的数据分析、汇总和计算,以便整合和分析海量的跨地域、跨行业和职能部门的数据和信息,并将特定的知识应用到特定的行业、特定的场景、特定的解决方案中以更好地支持决策和行动。超级计算机和云计算可被应用于处理、建模、预测和分析流程将产生的所有数据。

IBM认为智能技术正应用到生活的各个方面,如智慧的医疗、智慧的交通、智慧的电力、智慧的食品、智慧的货币、智慧的零售业、智慧的基础设施、智慧的银行,使地球变得越来越智能化。

随着智能化发展趋势,各种智能化手段会对人们的生活产生巨大影响,人们的生产方式和生活方式都会出现深刻变革。例如智慧的电力,赋予了消费者管理其电力使用并选择污染最小的能源的权利;智慧的医疗,解决医疗系统中的主要问题,如医疗费用过于昂贵、医疗机构职能效率低下以及缺少高质量的病患看护;智慧的城市,实现更高的城市生活质量、更具竞争力的商务环境和更大的投资吸引力;智慧的交通,采取措施缓解超负荷运转的交通运输基础设施面临的压力;智慧的供应链,致力于解决由于交通运输、存储和分销系统效率低下造成的物流成本高和备货时间长等系统问题。IBM 智慧地球的结构构想图如图 2-7 所示。

智慧的城市　智慧的电力

智慧的医疗　智慧的交通

智慧的石油　智慧的食品系统

智慧的电信　智慧的零售

智慧的银行

图 2-7　IBM 智慧地球构想图

随着社会发展和技术进步，智慧地球战略实施势在必行，其在带来机遇的同时也带来了挑战，为了应对各种问题，2009 年 6 月，欧盟委员会宣布了"物联网行动计划"，实现将各种物品，如书籍、汽车、家用电器甚至食品链接到网络中，确保欧洲在构建新型互联网的过程中起到主导作用。欧盟认为，此项行动计划将会帮助欧洲在互联网的变革中获益，同时也提出了将会面临的挑战，如隐私问题、安全问题以及个人的数据保护问题。

2009 年 8 月，日本在"e-Japan""u-Japan"之后再一次进行了国家信息化战略升级，也就是提出了"i-Japan 战略 2015"，该战略的重点在于大力发展电子政府和电子地方自治体，推动医疗、健康和教育的电子化。政府希望通过执行"i-Japan"战略，开拓支持日本中长期经济发展的新产业,大力发展以绿色信息技术为代表的环境技术和智能交通系统等重大项目。

二、智慧城市的提出

智慧城市是智慧地球的一种具体体现,智慧城市实际上就是以城市为单位开展智慧化建设,充分利用数字化及相关计算机技术和手段,对城市基础设施和与生活发展相关的各方面内容进行全方面的信息化处理和利用,具有对城市地理、资源、生态、环境、人口、经济、社会等复杂系统的数字网络化管理以及服务与决策功能的信息体系,涉及智能建筑、智能家居、路网监控、智能医院、城市生命线管理、食品药品管理、票证管理、家庭护理、个人健康与数字生活等诸多领域。智慧城市全景图如图 2-8 所示。

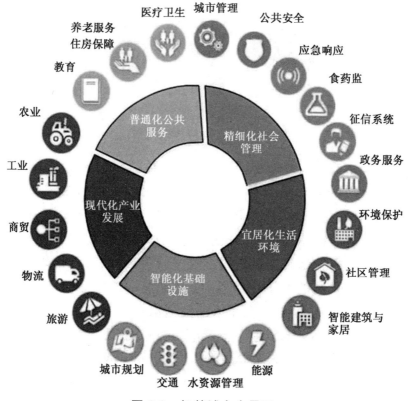

图 2-8　智慧城市全景图

智慧城市的重点在于智慧,而智慧化会为城市带来灵活、便捷、安全等特点,同时,智慧城市会使城市更具吸引力,使城市居民获得更高的生活质量,并且促进城市建设和发展的多方广泛参与与合作。随着信息技术不断发展,目前全球各国都重视城市的信息化建设,尤其是对于重点城市大力发展"无线城市"建设。美国的亚特兰大、波士顿、拉斯维加斯、洛杉矶、旧金山、西雅图、费城、奥斯汀、克利夫兰、马里恩、匹兹堡、密尔沃基等城市都在建设无线网络,德国的杜塞尔多夫、匈牙利的杰尔、耶路撒冷、摩纳哥、伦敦的威斯敏斯特区、新加坡、日本,以及韩国的首尔、仁川、釜山等 6 个城市,还有马来西亚的吉隆坡、澳大利亚的悉尼都在积极建设无线智慧城市。我国的山东、四川、北京、天津、青岛、武汉、上海、南京、杭州、广州、深圳、扬州、厦门等已经明确了无线城市计划。

智慧城市的框架由感知层、网络层、平台层、应用层组成,具体如图 2-9 所示。

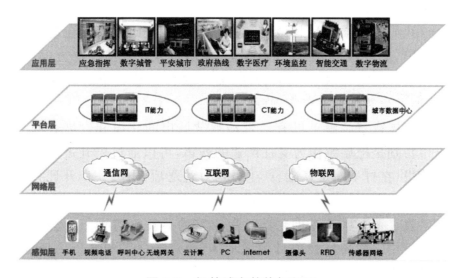

图 2-9　智慧城市整体框架图

三、智慧旅游的提出

智慧旅游是旅游行业的智慧化发展,是基于智慧城市建设大背景下的旅游行业新发展,旅游业充分利用信息技术并结合自身实际情况,提出了智慧旅游的概念。智慧旅游是智慧城市建设的重要组成部分,智慧旅游是智慧城市的形象大使,是智慧城市的重要展现主体之一。

智慧旅游建设离不开智慧城市的基础环境。智慧旅游高度依赖所在区域的信息基础设施,包括4G和无线网络覆盖,并对三网融合有一定的需要。这些基础建设投资巨大,并需要协调各方面的关系,仅仅依靠智慧旅游很难实现。智慧城市一般是由地方政府推动,并在基础设施建设上有完善的解决方案和对应的资金预算。智慧旅游应该充分利用智慧城市的建设成果,避免重复建设。

从整体部分的层面来说,智慧旅游是智慧城市建设的一项重要内容。几乎所有的城市都具备旅游的功能,不考虑智慧旅游的智慧城市是不完整的。从政府部门职能角度看,智慧旅游应该从属于智慧城市,是智慧城市建设不可或缺的一个方面。

我们应该推动智慧旅游和智慧城市的共同发展。在游客安全保障、紧急救援、景区环境保护、旅游行业监督执法等方面,旅游主管部门很难独立采取行动,需要联合智慧城市的其他各部门,通过智慧城市平台实现联动协作。

发展智慧旅游可以有效带动智慧城市的建设和发展。部分城市特别是把旅游作为支柱产业的城市,可以通过先开展智慧旅游建设,在打下一定基础、产生一定效益之后,再进一步开展智慧城市的建设。

发展智慧城市有助于产生更丰富的科技旅游项目。智慧城市建设中一些高科技项目的展示区、融合新技术的城市广场、演出场馆等,都可能成为科技旅游的项目,自然也可以成为智慧旅游的项目。

第三章　新时期国内旅游特征与消费者分析研究

随着经济发展、生活富裕、社会文明进步,新时期的旅游业已经发生了质与量的根本变化。旅游市场、旅游客流的空间流动、旅游节假日市场、旅游者的消费行为也都涌现出了不同的特征。

第一节　旅游市场特征

旅游市场作为旅游产品交易的场所和旅游经济运行的基础,与一般商品市场、服务市场和生产要素市场相比,具有不同于其他市场的多样性、季节性、波动性、全球性和竞争性等特点,只有了解这些特点,才能更全面地掌握旅游产业的发展。

一、旅游市场的多样性

旅游市场的多样性,是由旅游市场的主体、客体和旅游市场交换关系所决定的。首先,旅游者需求和购买行为的多样性决定了出游目的的多样性,而各种不同的出游目的就决定了旅游市场需求的多样性,从而要求市场提供多样性的旅游产品。其次,旅游产品的多样性决定了旅游市场供给的多样性,即不同国家或地区旅游资源的不同必然形成不同的旅游产品,而不同的旅游经营者提供的旅游产品也不相同,如旅游饭店主要提供住宿和餐饮,旅游景区景点主要提供游览与娱乐,旅游商店主要提供旅游购物等。最后,旅游产品交换关系的多样性决定了旅游市场的多样性,即旅游者可以直接购买单项旅游产品,也可以通过旅行社购买组合旅游产品或整体旅游产品。因此,旅游市场的多样性不仅反映了旅游市场的特点,而且在很大程度上对旅游市场的供求结构和供求平衡产生重要影响。

二、旅游市场的季节性

在旅游经济运行中,各个旅游地的气候时节不同,以及旅游者个人时间不同,这些都会造成旅游市场具有突出的季节性特点。季节、气候、地理位置等自然因素造成了旅游的"淡旺季";当然,这个"淡旺季"并不是只和自然条件相关,同时也和旅游者有关。某些利用带薪假日出游的旅游者,也是形成旅游"淡旺季"的重要原因。

旅游市场具有明显的季节性特点,这在客观上要求旅游目的地国家、地区和旅游企业,不能只考虑到气候或游客中的一个方面,而要二者兼顾,有针对性地根据旅游市场"淡旺季"的不同特点作出科学合理的安排,对旅游市场的供给提前做出准备,做到未雨绸缪,确保能够满足旅游者的旅游需求;对于旅游"淡季"也不要消极应对,而要做出积极的措施,努力开发"淡季"的旅游需求,尽可能扩大旅游淡季的市场需求,开发大量潜在的旅游需求,尽量减少自然条件的限制,使旅游市场向均衡化方面发展。

三、旅游市场的波动性

相对于最基本的温饱问题,旅游是一种高层次的精神需求,这种需求又受到多种因素的影响。也许这些因素都是一些很小很细微的因素,但任何一个因素的变化都会起到牵一发而动全身的作用,都会影响到旅游市场。而好多旅游市场本身会受到季节温度等因素的影响,这就更加剧了旅游市场的不确定性,也就是旅游市场的波动性。一个区域的旅游市场往往还会受到意外事件或者重大活动的影响,这将直接改变旅游客源的流向和流量,从而使旅游市场呈现出波动性发展和变化。

四、旅游市场的全球性

第二次世界大战之后,随着社会生产力的发展,世界各国科技、经济的联系进一步密切,全球化的进程不断加快。各国的旅游市场由封闭逐步走向开放,从区域性的旅游市场发展成为世界性的旅游市场。旅游市场的全球性,首先表现为旅游者构成的广泛性。现代旅游已由少数富裕阶层扩展到工薪阶层和全民大众,包括学生。统计显示,2018 年上半年,我国出入境旅游 1.41 亿人次,同期增长 6.9%。其次,交通运输的发达使旅游者的活动范围遍布世界各地,因而旅游需求市场十分广阔。最后,世界各国和许多地区都在大力发展旅游业,纷纷将旅游业视为促进本国或本地经济发展的大事来抓,旅游的供给市场也逐步在全球范围内建立与完善。

第二节　旅游客流空间流动特征

随着全域旅游政策的推行,旅游大交通格局优化,区域内部交通建设亮点频出,旅游流网络呈现出多样化和均衡化的发展格局。总体来说,旅游客流量有所增加,旅游流向同上年没有较大出入,仍然呈现出东强西弱、南强北弱的格局。

一、区域旅游流主要特征

依据行政区域、物理距离以及客流量大小三个因素将旅游客流流动尺度划分为大尺度、中尺度和小尺度三个层次。本章主要依托航空流量研究大尺度旅游客流,依托铁路流量来研究中尺度旅游客流,而小尺度旅游客流的时空模式相对稳定,基本没有变化,因此不予重复研究。

(一)大尺度旅游客流分析

根据大尺度旅游流流动矩阵(表 3-1)可以看出,我国当前大尺度旅游客流主要是环渤海经济区流向长三角经济区、长三角经济区流向环渤海经济区、长三角经济区流向珠三角经济区、环渤海经济区流向中部地区、长三角经济区流向中部地区、珠三角经济区流向长三角经济区以及成渝地区流向长三角经济区。由此可以总结出,大尺度旅游客流主要表现在以下三个方面:东部三大经济区流向中部地区和西部旅游资源大省的西向旅游流、西部经济相对发达地区流向东部三大经济区的东向旅游流以及东部地区内部的南北双向旅游流。从区域旅游发展模式来看,长三角双向旅游流具有很强的经济性,而且市场因素和自身资源的驱动性也较强,属于混合驱动型旅游流;西向旅游流具有资源导向及政策导向特征,属于资源驱动型和政策驱动型旅游流;东向旅游流具有一定的经济性,属于经济驱动型旅游流。

表 3-1　大尺度旅游流流动矩阵

目的地 客源地	环渤海 经济区	长三角 经济区	珠三角 经济区	中部 地区	东北 地区	成渝 地区	云贵 地区
环渤海 经济区	4 (0)	132 (+9)	137 (+13)	52 (−2)	15 (−4)	116 (+19)	83 (+18)
长三角 经济区	122 (0)	2 (0)	218 (+35)	101 (+18)	41 (+9)	139 (+34)	106 (+20)
珠三角 经济区	142 (+18)	219 (+36)	20 (+1)	64 (+1)	30 (+7)	124 (+23)	64 (+21)

续表

目的地 客源地	环渤海 经济区	长三角 经济区	珠三角 经济区	中部 地区	东北 地区	成渝 地区	云贵 地区
中部 地区	50 （－4）	82 （－1）	95 （＋32）	0 （0）	25 （＋10）	62 （＋13）	60 （＋10）
东北 地区	15 （－4）	40 （＋8）	31 （＋8）	24 （＋9）	0 （0）	22 （＋10）	14 （＋5）
成渝 地区	117 （＋19）	135 （＋33）	121 （＋19）	66 （＋17）	22 （＋9）	0 （0）	65 （＋9）
云贵 地区	83 （＋16）	110 （＋20）	66 （＋7）	60 （＋1）	14 （＋5）	67 （＋11）	2 （－14）

注：查询地址为 http://flight.elong.com。航班时间为 2017-04-28,周五。括号内是与2015年相比增加或减少的数量,＋表示增加,－表示减少。

1. 以环渤海经济区为客源地的旅游流空间分布

当以环渤海经济区为客源地时(表 3-1),可以看出其最主要的旅游流。首先是流向珠三角经济区和长三角经济区,每天均有132架次和137架次的航班从环渤海经济区内的客源地流向珠三角经济区和长三角经济区内主要旅游目的地省市。其次是流向成渝地区的旅游流,每天有116架次的航班飞往该目的地省市。再次是云贵地区和中部地区,每天分别有83架次和52架次的航班飞往该目的地省市。最后是东北地区,每天有15架次的航班飞往该区域。与2015年年底数据相比,以环渤海经济区为客源地的旅游流空间分布变化较明显,由以流向长三角经济区、珠三角经济区和中部地区为主变为以流向珠三角经济区、长三角经济区和成渝地区为主,除流向东北地区、中部地区的旅游流流量小幅度下降外,流向其他各区域的旅游流流量均有所上升,其中流向成渝地区的旅游流流量增幅最大。

2. 以长三角经济区为客源地的旅游流空间分布

当以长三角经济区为客源地时（表 3-1），可以看出流向珠三角经济区的旅游流流量相对最大，每天有 218 架次的航班从长三角经济区的主要客源地省市飞往珠三角经济区的主要目的地省市。其次是流向成渝地区重要旅游目的地省市，每天有 139 架次的航班。长三角经济区的第三大旅游流是流向环渤海经济区主要目的地省市，每天有 122 架次的航班飞往该区域。而长三角经济区流向东北地区的旅游流相对最小，每天仅有 41 架次的航班从长三角流向该区域主要目的地。与 2015 年年底数据相比，以长三角经济区为客源地的旅游流流向变化较明显，珠三角、环渤海经济区仍然是长三角经济区的主要旅游目的地，而珠三角经济区和成渝地区的旅游客流量增长得最快，相对增加了 69 次航班；相对而言，云贵地区和东北地区的旅游客流量变化较少，分别增加了 20 架次和 9 架次的航班。总体来看，以长三角经济区为客源的旅游流总体均有所增加，但变化程度差异较明显。

3. 以珠三角经济区为客源地的旅游流空间分布

当以珠三角经济区作为主要客源地时（表 3-1），可以看出，从该客源区域流向长三角经济区的旅游流相对最大，每天有 219 架次的航班从珠三角经济区的主要客源地省市飞往长三角经济区的主要目的地省市。珠三角经济区的第二大旅游流是流向环渤海经济区的，每天有 142 架次的航班飞往该区域的主要目的地。再次是流向成渝地区的重要旅游目的地省市，每天有 124 架次的航班。而珠三角经济区流向东北地区的旅游流在主要目的地中相对最小，每天仅有 30 架次的航班从珠三角经济区流向该区域主要目的地。与 2015 年年底数据相比，以珠三角经济区为客源地的旅游流向变化较明显，长三角、环渤海经济区仍然是珠三角经济区的主要旅游目的地，而长三角经济区的旅游客流量增长幅度较大，相对增加了 36 次航班；成渝地区和云贵地区的旅游客流量变化较小,分别增加了 23 架次和 21 架次的航班,总体来看,以珠三角经济区为客源地的旅游流总体均有所增加,其中珠三角流向长三角地区旅游流增幅最明显。

4. 以中部地区为客源地的旅游流空间分布

当以中部地区为客源地时(表 3-1),可以看出,从该客源区域流向珠三角经济区的旅游流相对最大,每天有 95 架次的航班从中部地区的主要客源地省市飞往珠三角经济区的主要目的地省市。中部地区的第二大旅游流流向是长三角经济区,每天有 82 架次的航班飞往该区域的主要目的地省市。再次是成渝地区和云贵地区的重要旅游目的地省市,每天分别有 62 架次、60 架次的航班。而中部地区流向东北地区的旅游流在主要目的地中相对最小,每天仅有 25 架次的航班从中部地区飞往该区域主要目的地。与 2015 年年底数据相比,以中部地区为客源地的大部分旅游流流向都有所增加,只有环渤海经济区和长三角经济区有所减少。其中,成渝地区和珠三角经济区的旅游流流量增幅较大。

5. 以东北地区为客源地的旅游流空间分布

当以东北地区为客源地时(表 3-1),可以看出从该客源区域流向长三角经济区的旅游流相对最大,每天有 40 架次的航班从该区域飞往长三角经济区的主要目的地省市。其次是流向珠三角经济区的旅游流,每天有 31 架次的航班飞往该区域的主要目的地省市。再次是中部地区的重要旅游目的地省市,每天有 24 架次的航班。而东北地区流向环渤海经济区和云贵地区的旅游流在主要目的地中相对最小,每天仅有 15 架次、14 架次的航班从东北地区流向该区域主要目的地。与 2015 年年底数据相比,以东北地区为客源地的旅游流流向无明显变化,珠三角经济区、长三角经济区仍是两大旅游流,中部地区旅游流流量有一定幅度增长,流向成渝地区的旅游流增幅最大,环渤海经济区有所降低。

6. 以成渝地区为客源地的旅游流空间分布

以成渝地区为客源地的旅游流空间分布见表 3-1,可以看出,从该客源区域流向长三角和珠三角经济区的旅游流相对最大,每天分别有 135 架次、121 架次的航班从成渝地区的主要客源省市飞往两个经济区的主要目的地省市。成渝地区的第三大旅游流流向是环渤海经济区,每天有 117 架次的航班飞往该区域的主要目的地省市。再次是云贵地区和中部地区的重要旅游目的地省市,每天分别有 65 架次和 66 架次的航班。而成渝地区流向东北地区的旅游流在主要目的地中相对最小,每天仅有 22 架次的航班从成渝地区流向该区域主要目的地。与 2015 年年底数据相比,以成渝地区为客源地的旅游流流向总体上流量均有所增加,其中以成渝地区流向东部三大经济区的旅游流增幅最大。

7. 以云贵地区为客源地的旅游流空间分布

当以云贵地区为客源地时(表 3-1),可以看出,从该客源区域流向长三角经济区的旅游流相对最大,每天有 110 架次的航班从云贵地区的主要客源地省市飞往长三角经济区的主要目的地省市。云贵地区的第二大旅游流流向是环渤海经济区,每天有 83 架次的航班飞往该区域的主要目的地省市。再次是珠三角经济区和成渝地区的重要旅游目的地省市,每天分别有 66 架次、67 架次的航班。而云贵地区流向东北地区的旅游流在主要目的地中相对最小,每天仅有 14 架次的航班从云贵地区飞往该区域主要目的地。

(二)中尺度旅游客流分析

中尺度旅游客流分析主要是指区域内部、周边省份以及省级内部各城市的旅游流,一般物理距离均在 100～500 千米。在此主要选择内部流动较大的环渤海经济区、长三角经济区以及珠三角经济区等几个区域进行分析(表 3-2)。

表 3-2 环渤海经济区内部旅游流分析

目的地 客源地		北京	天津	河北					山东					
				石家庄	承德	北戴河	秦皇岛	保定	济南	青岛	威海	烟台	潍坊	济宁
北京		—	168	159	7	30	45	98	103	15	2	5	21	2
天津		172	—	52	2	26	70	33	80	15	2	5	21	0
河北	石家庄	155	50						10	3	0	1	4	0
	唐山	46	99						26	7	0	1	8	0
	北戴河	24	19						7	1	0	0	1	0
	秦皇岛	40	74						19	3	0	1	4	0
	邯郸	47	24			—			2	1	0	0	1	0
	邢台	53	20						2	1	0	0	1	0
	保定	95	35						2	0	0	0	0	0
	张家口	27	6						1	1	0	0	1	0
	承德	7	2						0	0	0	0	0	0
	沧州	44	57						73	13	2	5	19	0
	廊坊	36	24						25	5	0	3	8	0
	衡水	21	28						8	3	0	1	4	2
山东	济南	98	84	10	0	9	21	1						
	青岛	12	14	3	0	3	6	0						
	威海	3	2	0	0	0	0	0						
	烟台	5	4	1	0	0	0	0						
	日照	2	2	0	0	0	0	0						
	淄博	19	19	4	0	3	6	0						
	枣庄	24	19	2	0	1	4	0						
	东营	1	1	0	0	0	0	0						
	潍坊	20	20	4	0	3	6	0						
	济宁	2	0	0	0	0	0	0						
	泰安	28	32	5	0	4	10	0						

续表

客源地\目的地		北京	天津	河北					山东					
				石家庄	承德	北戴河	秦皇岛	保定	济南	青岛	威海	烟台	潍坊	济宁
山东	滨州	1	1	0	0	0	0	0						
	德州	51	65	17	1	9	17	0						
	聊城	15	17	10	0	1	6	0						
	临沂	2	2	0	0	0	0	0						
	菏泽	15	19	7	0	1	7	0						
	莱芜	0	0	0	0	0	0	0						

注:查询地址:http://kyfw.12306.cn/otn/leftTicke/init. 列车时间为 2017-04-28,周五。

1. 环渤海经济区内部旅游流

从环渤海经济区内部来看,北京作为我国经济、政治和文化中心,无疑是环渤海内部最大的一个客源地,也是最主要的目的地。天津作为我国重要的直辖市,也是我国重要的客源地和目的地。在河北省内,北戴河改造完工的火车站于 2011 年开始投入运营,考虑到北戴河是环渤海地区的主要旅游目的地,所以将其也纳入统计范围。对于山东来说,由于其经济在全国发展水平较高,其各个地级市均可作为重要的客源地。而对于目的地来说,选择山东旅游业发展较好的地级市作为目的地,具体选择济南、青岛、威海、烟台、潍坊和济宁。

2. 长三角经济区内部旅游流

从长三角经济区内部来看(表 3-3),上海作为我国经济中心和国际化大都市,无疑是长三角内部最大的一个客源地,也是最主要的目的地。江苏作为东部沿海省份,经济较为发达,其各个地级市均可作为重要的客源地,而就目的地来说,选择江苏著名的旅游城市作为目的地,具体选择南京、苏州和扬州。同样是东部沿海城市的浙江经济也较为发达,各个地级市均可作为重要的客源地,而对于目的地来说,选择浙江著名的旅游城市作为目的地,包括杭州、宁波和绍兴。

表3-3　长三角经济区内部旅游流分析

目的地 客源地		上海	江苏			浙江		
			南京	苏州	扬州	杭州	宁波	绍兴
上海			281	237	0	182	57	48
江苏	南京	277				120	38	35
	苏州	246				41	16	15
	扬州	0				0	0	0
	常州	175				29	14	13
	连云港	2				1	0	0
	无锡	184				32	15	14
	泰州	0				0	0	0
	徐州	105				53	14	13
	镇江	130				22	10	9
浙江	杭州	176	121	41	0			
	宁波	51	40	17	0			
	温州	47	42	13	0			
	绍兴	45	34	15	0			
	嘉兴	130	27	28	0			
	金华	53	34	5	0			
	衢州	46	17	9	0			
	台州	26	18	8	0			
	丽水	15	19	2	0			

3. 泛珠三角经济区内部旅游流

从泛珠三角经济区内部来看(表 3-4),广东经济发达,无疑是泛珠三角经济区内部最大的一个客源地,也是最主要的目的地。福建各地级市均可作为重要的客源地,而对于目的地来说,选取旅游业发展较好的地级市,具体选择福州和厦门。广西各地级市也可作为重要的客源地,而对于目的地来说,选取旅游业发展较好的地级市,具体选择南宁和桂林。

表 3-4　泛珠三角经济区内部旅游流分析

目的地 客源地		广东			福建		广西	
		广州	深圳	珠海	福州	厦门	南宁	桂林
广东	广州				0	4	58	38
	深圳				24	46	4	5
	韶关				0	0	0	1
	佛山				0	1	3	0
	江门		—		0	0	0	0
	湛江				0	0	2	2
	茂名				0	1	3	0
	肇庆				0	1	36	22
	惠州				23	40	1	0
	梅州				0	2	1	0
	河源				0	2	1	0
	东莞				0	2	1	0
福建	福州	0	24	0			0	0
	厦门	2	44	0			1	0
	漳州	2	30	0	—		1	0
	龙岩	2	3	0			1	0
	三明	0	2	0			0	0
	南平	0	3	0				

客源地＼目的地		广东			福建		广西	
		广州	深圳	珠海	福州	厦门	南宁	桂林
广西	南宁	58	4	2	0	1		
	柳州	12	2	0	0	0		
	桂林	38	5	2	0	0	—	
	贵港	45	1	1	0	1		
	玉林	8	3	0	0	0		
	百色	18	1	1	0	1		
	来宾	8	1	0	0	0		
	崇左	0	0	0	0	0		

二、旅游交通发展促使"快旅漫游"格局形成

众所周知,旅游业的发展与旅游交通的进步密不可分。而旅游交通的发展不仅是影响城市旅游业发展的重要因素,更是旅游业发展的一支强有力的助推剂。纵观古今中外,旅游交通的每一次突破所带来的无不是旅游业的跨越式发展。

快旅慢游,让旅行不再是"赶场子"。出门为"旅",鉴赏为"游",两者合一就是旅游。以往的旅游,受"旅途"所累,人们并没有真正享受旅游。旅游要发展,交通必先行。由低空旅游、铁路、高速公路、景区环线等组成的现代旅游交通路网,让旅游目的地与客源地的距离越来越近。

(一)航空网络下(低空旅游)的旅游合作新格局

低空旅游即通用航空旅游,是指人们在低空空域(在我国原则上是指真高 1 000 米以下的垂直范围),依托通用航空运输及通用航空器所从事的旅游、娱乐和运动。低空旅游的典型运营模式主要有三类:第一类是以单一通航运营企业为主体,以低空旅游

增加飞行量和业务收入。这种模式多在某一景点或城市开展一条或多条线路的游览。多数情况下，低空旅游仅是运营企业诸多业务中的一种。第二类是以集团化运作的通航企业为主体，以游览业务促进飞机销售或地产开发。这种模式下，开展低空旅游业务的企业往往附属于某大型集团，使用的机型往往为集团代理，航空器性能好、舒适度高，但游览收费单价普遍偏低，有时仅能覆盖变动成本，但通过游览业务的开展带来的航空器销售或地产开发收益则能够覆盖其亏损并带来收益。第三类是以旅游景区或旅游公司为主体的低空旅游开发。由于目前我国低空旅游规模偏小，但旅游业发展成熟，"通航＋旅游"的模式下通航企业往往要遵从旅游业的游戏规则，因此由旅游企业为主体开发低空项目更为适宜。

(二)高铁网络下的旅游合作新格局

热带雨林中的一只蝴蝶，偶尔扇动几下翅膀，两周后可能引发美国得克萨斯州的一场龙卷风。这样的"蝴蝶效应"在经济全球化的今天经常会出现。如今，这只蝴蝶叫"高铁"。2016 年 7 月 13 日，国家发展改革委、交通运输部和铁路总公司正式印发《中长期铁路网规划》。《中长期铁路网规划》勾画了新时期"八纵八横"的高速铁路网，并提出到 2025 年中国高铁里程数将达到 3.8 万千米。这将再次改变中国城市的力量格局。

高铁时代来临，改变的不仅仅是速度。这只正在振翅的"蝴蝶"已经改变了旅游生态。旅客因为旅途时间减少，可以腾出更多时间游山玩水、品味文化、体会意境。他们花费在旅途中的时间越来越短，留在景区景点的时间越来越长。这种旅游方式被称为"快旅慢游"。交通也罢，旅游也罢，互联互通是前提。然而在高铁时代，"交通＋旅游"演绎的是"快旅慢游"的新景象。再没有谁比愚公后人更渴望路的畅通了，尤其是对快速铁路的渴望异常强烈。

毋庸置疑，高铁所体现出来的"快旅慢游"优势，在改变旅游交通格局模式的同时,也有效地促进了旅游市场的健康发展。不仅激活了交通运输市场更好的良性竞争,最终让旅客获益;还使旅游目的地加快旅游产业的优化升级,丰富旅游产品结构和实施接待服务类旅游项目。如此,才能借助"快旅慢游"的高铁旅游模式,不断提高旅游产业所带来的综合效益,从而助推旅游业的跨越式发展。

(三)高速公路网络下的旅游合作新格局

自驾游已逐渐成为时下热门的旅游方式,因此高速公路就成为旅途中不期而遇的"风景"。高速公路网络是旅游发展的重要保障,依托高速公路发展旅游经济是必然选择。近年来,我国旅游行业与高速公路系统围绕旅游发展开展了一系列合作,如举办旅游节会活动,节假日发布高速公路动态,依托高速公路服务区、收费站等区域发布旅游景区景点信息,完善高速公路沿线景区标识标牌等,取得了较好的合作共赢效益,为进一步深化旅游业与高速公路交通体系的全方位合作,发挥高速公路的重要纽带与通道作用,促进旅游要素的整合与信息共享,推动旅游经济的快速发展起到了重要作用。"高速+旅游"不是简单地叠加,而是以利益为纽带,以共赢为目标,跨界融合、产业联合,是在价值基础上形成的产业链条。高速公路是旅游发展的命脉,高速公路修到哪里,旅游大发展的春风就吹到哪里。旅游与高速的合作既能推动自驾旅游、房车旅游等业态发展,又能为交通运输开发客源市场。

(四)旅游交通配套设施下的旅游发展新格局

我国在《关于促进交通运输与旅游融合发展的若干意见》中有两处重点提到旅游交通配套设施:一是加强旅游交通基础设施统筹规划,进一步强化规划引领作用,加强旅游交通基础设施发展规划编制,统筹考虑交通、游憩、娱乐、购物等旅游要素和旅游资源开发,构建"快进""慢游"的综合旅游交通网络。二是完善普通公路旅游服务设施。以国省干线公路服务区试点建设为契机,鼓励在路侧空间富裕路段设置驿站、简易自驾车房车营地、观景台、厕所等设施。

强化旅游交通配套,完善旅游交通基础设施建设服务功能。在加快旅游公路建设的同时,结合旅游产业跨越发展需要,在旅游线路辐射区域配套建设旅游厕所、旅游服务中心、旅游候车亭、旅游交通标识牌等公共服务设施建设,加大旅游公路沿线绿化美化和环境综合整治,进一步改善旅游环境,不断提高旅游服务水平。

第三节　旅游节假日市场特征

法定节假日对旅游经济有一种非常强的促进作用,我国当前的旅游假日经济效应非常明显,对旅游者的消费需求产生了极大的影响,对旅游产品也产生了较大的影响。

一、节假日旅游市场增长速度较快

假日旅游是当前我国旅游市场的一大热点,我国国内旅游在节假日期间均有较快的发展,其中市场规模及旅游收入均保持着 10% 左右的增长率。七大节假日期间,全国共接待游客总量 14.08 亿人次,约占全国国内旅游市场的 32%,仅春节、国庆和清明三大节日,旅游收入就达到了 8 863 亿元,占全年收入的 22.5%,可以推测出七大节日所占比例为 40% 左右。

(一)三天小长假市场规模不断增长

据统计,2018 年元旦期间,中国共接待游客 1.33 亿人次,同比增长 11.08%,累计旅游收入 755 亿元,同比增长 11.22%。

2018 年清明期间,全国旅游市场共接待游客 1.01 亿人次,实现旅游总收入 421 亿元。清明出游以公路为主,京津冀、长三角等地的短途列车上座率相对较高。

2018 年"五一"期间,全国游客出游热情高涨。据文化和旅游部网站发布的数据显示,2018 年"五一"假日全国共接待国内游客 1.47 亿人次,同比增长 9.3％,实现国内旅游收入 871.6 亿元,同比增长 10.2％。与此同时,"五一"小长假期间,全国假日旅游消费旺盛,旅游市场持续增长。城市周边游、乡村游、生态游成为游客首选,自驾游火爆,旅游消费呈现个性化、特色化、品质化、多样化趋势。

2018 年端午节期间,大众出游热情高涨,旅游市场持续火热。据中国旅游研究院数据中心综合测算,端午节三天全国共接待国内游客 8 910 万人次,同比增长 7.9％,实现国内旅游收入 362 亿元,同比增长 7.3％。

(二)七天长假市场规模均创历史新高

春节假日七天,全国假日旅游消费需求增势明显,旅游活动丰富多彩,出游人数、旅游收入双双走高,旅游过年渐成时尚。根据国家旅游局数据中心综合测算,2018 年春节期间,全国共接待国内游客 3.44 亿人次,比 2017 年同期增长 13.8％;实现旅游收入 4 233 亿元,按可比口径增长 15.9％。

2018 年国庆假日七天,全国大部分地区天气条件良好,适宜游客出行,旅游市场保持繁荣。根据国家旅游局数据中心综合测算,国庆期间,全国共接待国内游客 7.26 亿人次,同比增长 9.43％,国内累计旅游收入 5 990.8 亿元,同比增长 9.04％。

二、假日旅游消费行为受假期长度、气候气温、空间距离影响明显

总体来看,我国假日旅游目的地的选择差异较大,主要表现为气候导向性、空间导向性以及距离衰减规律等。其中,三天假期的旅游市场主要以近郊游为主,而七天长假的旅游空

间则大幅提升,中远距离比例显著提升。另外,冬季期间的元旦、春节假日,旅游者偏向去南部避寒旅游和北部冰雪旅游;夏季则偏向去东部滨海旅游。具体每个节日的旅游目的地表现如下。

(一)三天小长假主要以近距离休闲旅游为主

1. 元旦假期近郊乡村休闲游为主要目的地

元旦假日期间,受元旦假期时长和高速不免费政策限制,元旦期间游客出行仍以中短线旅游为主,休闲游、乡村、近郊游受到热捧,2017年元旦期间,华东、华北地区遭遇大面积严重雾霾天气,航班、高铁等主要出游途径受到不同程度影响。国家旅游局相关负责人表示,各地民众出游热情依然高涨。各地旅游产品供给丰富,短途游、长线游选择多样,全国旅游市场规模不断扩大,出游人数不断提升。此外,越来越多的游客选择拼假出游。用带薪年假和元旦假期拼为一个长假,使得国人有了更多的出游选择。进入冬季,北方地区气温逐渐走低,避寒游受到追捧,呈现出快速增长的趋势。空气清新、气候温暖的目的地最受北方游客的欢迎,如昆明、杭州、上海、南京、无锡、厦门、三亚、海口、丽江、桂林等城市。

2. 阖家出游、踏青赏花、驱车自驾的近郊旅游成为清明假日的特色

清明期间,出游以公路为主,京津冀、长三角等地的短途列车上座率相对较高,说明旅游者仍以近郊游为主。假日期间,全国大部分地区暖意融融,适宜出行。清明假日,万物复苏、百花争艳,踏青赏花成为游客选择的新亮点,除传统的油菜花、桃花主题外,樱花、郁金香、梅花、映山红、牡丹花、杜鹃花等赏花线路也人气高涨。长线方面,从以观光为目的的出游向休闲游、品质游转变,三亚、杭州、厦门、成都等具有休闲特质的目的地城市成为游客的热门选择。从出游方式看,短途游客以自驾游为主,不少长

线游客也热衷于落地自驾。几大租车平台统计数据显示,清明期间的租车出行人次较往年同期有快速增长。

3."五一"假期以中短途旅游目的地为主

2018年"五一"假日期间,全国旅游市场主要以中短途旅游为主。多家在线旅游企业数据显示,国内游方面,三亚、厦门、昆明、丽江、桂林、北京、九寨沟、成都、西安、张家界位列"五一"热门目的地前十,其中前往三亚、厦门等地的游客多来自上海及周边地区;广州、深圳的游客更愿意前往昆明、丽江、九寨沟;北京及周边地区的游客则喜欢前往长三角一带。中、短途游是"五一"假期游客出行的普遍选择。

4. 近郊乡村民俗游成为端午假期主要选择

2018年端午假期,各地节日氛围浓厚,游客出游热情高涨,假日旅游市场稳中向好。由于端午期间气候宜人,而且正逢瓜熟杏黄时节,众多市民选择中短途的旅游,尤其是城郊休闲游。众多城市居民选择走向自然,参与到樱桃、黄杏、甜瓜等采摘旅游活动中,吃农家饭、住农家屋、做农家活、享农家乐成为不少端午节旅游者的首选。大量游客涌入了城郊优美的景区景点,参加各郊区推出的各种节庆活动,品味传统习俗,呼吸清新的空气,欣赏优美的环境,放松身心、融入自然。

(二)中远距离的休闲度假游成为七天长假旅游主力

1. 避寒及冰雪旅游目的地受春节假期市场欢迎

2018年春节期间,由于2022年冬奥会花落中国,冰雪旅游受到青睐,北方大部分地区游客人数呈现两位数增长。例如,河北省张家口市崇礼区充分利用冬奥会带来的契机,举办老少皆宜的冰雪赛事、冰雪嘉年华、冰灯民俗节和"家庭娱雪"亲子互动等活动,让游客提前享受冬奥氛围。辽宁省盘锦市的大洼、盘山、辽东湾等地通过举办"回姥姥家过大年""外国留学生过中国年""听妈妈讲小时候的游戏"等一系列"住民宿快乐过大年"活动,吸引了大批游客前来体验。湖南省批量推出的八大温泉康体养生旅游备受游客青睐,在春节期间十分火爆。山东省沂源县的神农药谷吸引大批游客前来体验。

2. 国庆假期主要选择

根据铁路部门统计,2016 年国庆假日前后 10 天,全国铁路发送旅客 1.08 亿人次,同比增长 9.3%,创历年国庆假期运输新高。假日期间,北京、天津、海南等传统国庆长线旅游目的地旅游接待人次和收入稳步提升。北京市 10 月 1 日至 7 日共接待游客 1 119.5 万人次,同比下降 2.8%;旅游总收入 84 亿元,同比增长 1.1%。天津市 10 月 1 日至 7 日共接待游客 805.98 万人次,同比增长 5.5%;旅游总收入 77.07 亿元,同比增长 12.8%。海南省 10 月 1 日至 7 日进港 54.4 万人,同比增长 23.23%;进港车辆 3.56 万辆,同比增长 43.03%。湖北、湖南等中部省份天气较好,适宜游客出行,旅游接待人次和收入大幅增长。湖北省 10 月 1 日至 7 日共接待游客 3 623.6 万人次,同比增长 20.1%;旅游总收入 258.3 亿元,同比增长 22.3%。湖南省 10 月 1 日至 7 日共接待游客 4 383.57 万人次,同比增长 16.51%;旅游总收入 235.65 亿元,同比增长 16.89%。同时,在"一带一路"政策的带动下,丝路旅游经济发展迅速,内蒙古、甘肃、新疆等省(区)旅游市场迎来"井喷"。内蒙古自治区 10 月 1 日至 7 日共接待游客 853.16 万人次,同比增长 21.49%;实现旅游收入 60.25 亿元,同比增长 28.98%。甘肃省 10 月 1 日至 7 日共接待游客 1 137.5 万人次,同比增长 22.5%;实现旅游收入 70.63 亿元,同比增长 26.8%。新疆维吾尔自治区 10 月 1 日至 7 日共接待游客 601.6 万人次,同比增长 12.8%;实现旅游收入 41.05 亿元,同比增长 42%。

三、假日旅游市场新特征不断涌现

(一)拼假错峰出行火爆

2018年中秋假期距离国庆黄金周只有一周的时间,不少消费者的秋季出游需求通过拼假在中秋节前后得到释放。根据同程旅游网的统计,节前拼假及错峰出游从9月中旬即迎来出游高峰,节前出游的总体占比高达54.4%,节后错峰出游的占比达6.5%,选择拼假错峰出行的游客占比超过6成。据携程等旅游网站出游统计,最流行拼假出游的前五名城市分别为广州、深圳、杭州、南京、苏州。拼假游客主要集中在长线旅游,国内最受欢迎的长线目的地为厦门、三亚、重庆。

(二)旅游消费换代升级,休闲度假受到青睐

随着经济发展和国民收入增加,旅游消费个性化、特色化、休闲化、品质化、多样化更加明显,带动旅游休闲度假、康体养生等产品供给不断优化,长线游、过夜游、民俗游受到欢迎。

(三)举家出行旅游成为新的假日旅游方式

举家出游成为不少群众过年的新选择。2018年除夕当天,全国即迎来出游高峰,各地景区一改往年春节假期首日冷清的景象,实现了开门红。举家出游是主流。2018—2023年中国特色旅游行业市场深度分析及投资战略研究报告调查显示,2018年第一季度,我国居民出游意愿为83%,其中48.9%的游客选择在春节期间出行。从出游内容来看,研学游、海岛游、游轮游、冰雪游、乡村游等以家庭游客为服务对象的主题旅游休闲市场热度较高。

网络大数据显示,2018年清明小长假期间在家庭游、亲子游带动下,上海迪士尼乐园、北京故宫、北京颐和园、上海东方明珠广播电视塔、广州长隆野生动物世界、深圳世界之窗等景区假日

期间游客接待量在全国名列前茅。

(四)短途自驾是假日旅游的首要交通方式

从出游方式看,短途游客以自驾游为主,不少长线游客也热衷于落地自驾。几大租车平台统计数据显示,2018 年假日期间的租车出行人次较 2017 年同期有快速增长。数据显示,中秋三天假期,半数以上的出游需求为周边游。国内长线游(出游距离超过 300 公里)目的地主要有三亚、厦门、北京、张家界等。受季节影响,在中秋小长假前后的国内长线游需求中,秋游线路的出游人数占比达到了 18%,环比有较大幅度上升,比较热门的秋游目的地主要有九寨沟、大连、内蒙古等。

(五)乡村休闲度假是当前假日旅游主要动机

以 2018 年端午节为例,据旅游网站大数据统计,假日期间选择城市周边短途旅游的游客人数增长明显,乡村农家乐、古镇客栈、度假酒店等接待游客火爆,旅游体验舒适度、旅游公共服务设施水平、旅游目的地软环境等成为广大游客出游时优先考虑的条件,北京、苏州、杭州、常州、南京、上海、厦门、广州、青岛、无锡是假日期间周边游市场最热的前十位城市。

(六)主题化节日活动深受旅游者喜爱

由于我国的节假日均具有一定的主题,所以相关的主题活动深受旅游者喜爱,如端午节是我国传统节日之一,有赛龙舟、吃粽子等纪念伟大诗人屈原的各种习俗活动。为了庆祝传统佳节,各区纷纷组织具有节日特色的旅游文化活动,吸引了大批中外游客参观体验,营造了浓浓的节日氛围。

中秋期间,许多景区推出了赏月主题旅游产品,如束河古镇主打"雪山映明月";乌镇"水中望月"别具意境;周庄"南湖秋月"更是耳熟能详;同里古镇"小桥流水明月"则充分体现了江南水乡的风韵;怀远古镇的民俗祭月活动更是让游客体验了传统的民俗文化。

清明假日期间,各地积极推动并引导旅游行业打造旅游新产品和新线路,组织丰富多彩的旅游活动,以满足广大游客日益增长的旅游需求。河南省为游客提供了一场生态旅游盛宴,以踏青、赏花、采摘、吃农家菜为主要内容的乡村休闲游受到游客青睐,成为旅游市场的一大亮点;贵州省以"山地公园省·多彩贵州风"品牌为抓手,积极打造旅游新产品,开展了丰富多彩的以赏花和温泉为主题的旅游活动。

(七)学生游成为节日游客生力军

目前,不少景区积极推出针对学生的优惠政策。此外,北京科学国旅、世纪明德等科教旅游企业还专门推出了针对学生的旅游活动,如松山昆虫科普营、军事夏令营、首都名校营等丰富多彩的科教游活动,满足了不同年龄学生的需求,不少游客都是以家庭为单位参加活动。这些活动吸引了大量学生参加,使学生们既放松了身心,又增长了知识。2018年端午节期间,以家庭和学生为主的出行客流比往年明显增多。

四、假日旅游公共服务不断升级,游客满意度不断提升

近年来,为确保广大游客和市民过一个祥和、欢乐、安全、有序的假期,国家旅游局以全域旅游理念推进落实旅游供给侧改革,以钉钉子的精神狠抓厕所革命,并以此带动旅游公共服务,节假日期间,广大游客的满意度明显提升。在每个节假日,国家旅游局及地方旅游主管部门都会精心安排、周密部署、确保安全,重点抓好节日期间安全保障和服务质量提升工作。各级旅游管理部门均会召集假日办成员单位召开假日工作专项部署工作会。公安、工商、交通、质监、消防、城管等各部门会同各区积极落实工作会要求,对旅游环境秩序开展重点巡视检查。确保了假日旅游安全,营造了文明有序的旅游环境。

第四节　旅游者消费行为的特征

在互联网时代旅游供需都发生重大变化的大背景下,特别是移动互联网更好地适应了旅游是移动消费的产业内涵,旅游者旅游选择越来越多元、旅游阅历越来越丰富,逐步尝试追求个性化、随性化的旅游形式,移动范围越来越广泛、越来越具有不确定性,旅游者消费行为也发生了很大变化。

一、出行方式多样化

旅游者消费行为通常按照是否通过旅行社等旅游代理结构来划分为团队旅游和散客旅游。按照游客出游方式,可以划分为三种消费行为:团队出游、散客出游和团散结合,其模式如图 3-1 所示。通过这三种旅游方式,将客源地、泛客源地(互联网)和目的地三者之间联系了起来。

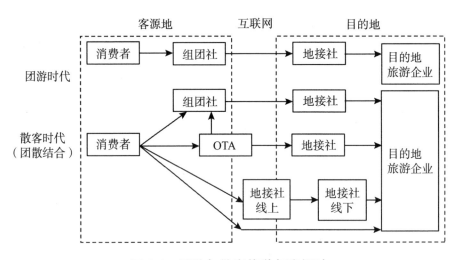

图 3-1　团队与散客旅游与客源地

(一)跟团旅游

在散客旅游时代已经全面到来的大背景下,依然有很大一批旅游者选择团队旅游。在团队旅游与散客旅游的取舍中,游客的消费行为一般为空间距离远"团",空间距离近"散";文化距离远"团",文化距离近"散"。

1. 空间距离远"团"近"散"

游客的消费行为一般远距离旅游选择团队出行,近距离旅游选择散客出行。因为远距离旅游成本更高,需要做的准备工作更多,通过传统的团队旅游,旅游者可以方便省心,节约时间。

2. 文化距离远"团"近"散"

文化距离是指客源地与目的地之间以语言为主要特征的文化差异程度,主要包括语言方面的差异、生活习惯的差异、社会文化的差异等。当客源地与目的地之间的文化距离较远时,游客一般选择团队旅游的形式;当客源地与目的地之间的文化距离较近时,游客更倾向选择散客自由行的出行方式。在前往与自己母语不同、文化差异较大的旅游目的地时,领队或导游相当于"保姆",领队或导游在跨国语言交流、签证办理、旅游交通、旅游住宿、购票、购物等方面提供的服务很有必要。

(二)自助游与自驾游式的散客旅游

散客旅游时代的趋势不可阻挡,互联网与旅游业的充分融合也为散客旅游时代的全面落地提供了必要条件,旅游者旅游体验观念和思维的转变也让散客旅游时代的到来变得更加快速。当前旅游业发展已经进入了以散客为主的休闲度假时代,团队游逐渐被自助游、自由行所取代。

1. 自助游兴起

自助游是有别于传统的集体参团旅游的一种新的旅游形态。自助游是指游客自己设计路线,自己安排旅途中的一切,不依靠旅行社。自助旅游最大的特色就是旅游内容自主性很强,每个人都有充分的时间来享受旅游中的趣味,即使是行程安排得恰当的半自助旅游,都可享受到自由自在的活动与旅游内容。旅游内容与行程大多由自助旅行者自行主导是自助旅游最大的特色,也是最吸引人的地方。

2. 自驾游迅猛发展

自驾游属于自助游的一种类型。中国经济持续稳定的发展及人民生活水平的提高,为自驾游发展提供了良好的环境和条件,从与自驾游密切相关的环境条件要素来看,居民收入、道路建设、汽车产业发展等诸多直接相关要素都从不同方面直接影响了中国自驾游的发展。自驾游旅游者通常不需要由旅行社安排旅游行程,在旅游目的地的选择、到达与停留时间以及食宿安排上都有很大的自主性。自驾游在选择对象、参与程序和体验自由等方面,给旅游者提供了伸缩自如的空间,其本身具有自由化与个性化、灵活性与舒适性及选择性与季节性等内在特点,与传统的参团方式相比具有本身的特点和魅力。

(三)自由行式的团散结合旅游

自由行是一种新兴的团散结合的旅游方式,俗称"机加酒",即机票加酒店。与团体旅游相同的是,由旅行社或在线旅游企业安排住宿与交通,但自由行没有导游随行,饮食也由旅客自行安排。自由行为客户提供了很大的自由性,旅游者可根据时间、兴趣和经济情况自由选择希望游览的景点、入住的酒店以及出行的日期。自由行是在线旅游行业一直以来的优势业务,自由行的游客群体与网民群体存在很大的"交集",自由行的游客对网络旅游信息具有很大的依赖性,超过90%的出境自由行游客会通过网络了解出游目的地、机票、酒店、景点等信息,以此选择预订服务。而伴随着互联网与旅游的充分融合特别是移动互联网的普及,自由行与在线旅游将会深度融合。

二、旅游目的多元化——观光与休闲旅游

根据不同的出游目的,游客消费行为模式为"远观光,近休闲"。观光旅游依然是远距离旅游的主体,而近距离旅游更多地呈现出了休闲趋向,旅游逐渐成为人们的一种生活方式,传统的旅游产品难以满足旅游者多样化、多层次的需求。现如今,越来越多的居民出游已不只满足于在各个旅游点之间长途跋涉、疲于奔命、"赶鸭子"一般的旅游方式,以休闲和娱乐为主要目的的城市居民成群地去大城市边缘的旅游小镇和乡村度周末成为非常普遍的现象,呈现出"远距离以观光旅游为主,近距离以休闲旅游为主"的旅游者消费行为的变化。

第四章　新时期旅游产品
设计与开发

目前,我国的旅游企业在新产品开发过程中,跟风盛行、盲目模仿,导致有特色的旅游产品越来越少,无差别、无特色的产品增多,众多的旅游企业经营着千篇一律的产品。同质化的产品降低了旅游者出游的积极性,给旅行社的经营也带来了严重的制约,由此形成大幅降价,已经威胁到一些实力较弱的旅游企业的发展和生存。因此,谁能设计和开发出与众不同的旅游产品,谁就能占领更大的市场份额,谁就可以获得迅速发展。

第一节　旅游产品设计与开发的
理念与前期研究

一、旅游产品设计与开发的理念

旅游产品开发是旅游规划与开发的核心内容,也是一项复杂的经济技术行为。在对其旅游产品进行设计的时候,需树立正确的理念,遵循正确的途径,这样设计出的产品才能既符合广大旅游者需求,又符合旅游目的地特点,才能具有市场竞争力和生命力。

(一)以市场为导向

市场需求是旅游产品产生、发展和消亡的直接决定性因素。西方旅游规划的实践已经证明,旅游产品的设计要想真正落实,必须得到广大旅游者的欢迎与拥护,因此,明晰旅游者需求就显得非常重要。旅游产品的设计与开发,必须与旅游市场相适应,以旅游者的需求为中心,满足旅游产品市场竞争的需要,实现旅游产品的价值。旅游产品设计时要特别重视旅游市场的调查、细分、定位和预测,掌握旅游市场发展变化的趋势,以市场为起点和终点,确定旅游产品设计的导向和开发规模。

在考虑市场需求时,一方面要考虑区域各层次旅游目的地客源市场的需求,另一方面要考虑景区、景点客源市场的需求,将两者结合起来,从不同层次明晰产品需求,设计出更加被旅游者喜欢的旅游产品。

(二)三维度协同设计理念

1. 时间维度

旅游产品设计的时间维度指按不同的时间进行产品设计或开发,分为消费产品的时间和开发产品的时间。

(1)消费产品的时间

从旅游产品的需求方——游客的角度来看,应该依据游客的需求,根据消费旅游产品的时间,有针对性地设计与开发旅游产品。第一,根据春夏秋冬四季不同、旺季淡季不同的原则设计与开发旅游产品;第二,根据节假日、工作日不同的原则设计与开发旅游产品;第三,根据一日游、多日游不同的原则设计与开发旅游产品;第四,根据一日游之中白天和晚上不同的原则设计与开发旅游产品。

(2)开发产品的时序

从旅游产品的供给方——目的地政府和旅游企业的角度来看,应根据目的地的旅游资源特征与客源市场的需求,依照开发旅游产品的时间,有针对性地设计与开发旅游产品。在旅游目的地发展的探索阶段、参与阶段、发展阶段、巩固阶段、停滞阶段、衰落或复苏阶段,分别开发设计不同类型的旅游产品。

2. 空间维度

旅游产品设计的空间维度指根据目的地空间尺度和客源地空间距离进行产品设计或开发。

（1）目的地空间尺度

旅游产品设计在空间布局上需考虑目的地的地形、地势、自然环境等空间要素。基于目的地层面的旅游产品空间结构可以分为三种，即点状（景点、景区）、线状（旅游线路）、网络状（由中心城市及其周围的景点、景区共同组成）。针对点状、线状、网络状等不同类型旅游目的地的空间特征，分别设计和开发不同类型的旅游产品。

（2）客源地空间距离

旅游产品设计在空间上要根据近、中、远程客源市场的不同需求进行旅游产品的设计与开发，如针对近程客源市场开发休闲游乐类旅游产品，针对中远程客源市场开发文化观光、民俗体验类旅游产品等。

3. 产业维度

旅游产品设计的产业维度指旅游产品涉及吃、住、行、游、购、娱等多个行业，是一个系统工程。旅游产品设计从六要素的每个维度单独进行设计，并将六要素融合成为一个有机整体，要做到统筹安排吃、住、行、游、购、娱等各相关要素的协调发展，就要求旅游产品的开发设计者根据市场需求从时间、旅游者的爱好及消费水平等维度确定合理的要素结构。

二、旅游产品设计与开发的前期研究

（一）资源分析

旅游产品设计中的资源分析环节应主要挖掘旅游资源的独

特性,整合旅游资源要素,理顺资源与产品之间的联系。

1. 挖掘旅游资源独特性

要挖掘旅游资源独特性,首先要了解、熟识旅游资源,对旅游资源能够进行科学的、恰当的评价,并能判断它们在同类旅游资源中的地位、特色和价值。更重要的是,要能判断旅游市场对旅游产品的需求和将这些资源开发为旅游产品后对市场的吸引力。

2. 理顺资源与产品间的联系

旅游资源的整合应把握适度的原则,设计的旅游产品应是旅游资源特色在逻辑上的必然延伸。也就是说,设计好的旅游产品与旅游资源之间有着文化内涵、美学鉴赏、体验氛围等的必然联系,这样的旅游产品才有生命力,凭空捏造的旅游产品很快就会被市场淘汰。

(二)环境分析

在旅游产品设计进行环境分析时,要注意旅游资源的环境容量。在旅游产品设计过程中,要严格遵守旅游环境容量的限制,使旅游目的地可持续健康发展(图 4-1)。

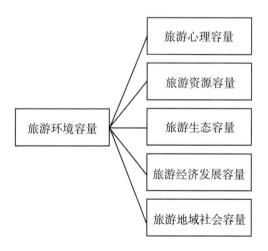

图 4-1　旅游环境容量体系

1. 旅游心理容量

旅游心理容量即旅游者于某一地域从事旅游活动时,在不降低活动质量的条件下,地域所能容纳的旅游活动最大量,也称为旅游感知容量。如果设计的旅游产品超过旅游者的旅游心理容量,旅游者在旅游过程中很难有愉悦的体验。

2. 旅游资源容量

旅游资源容量是一定时间内旅游资源所能容纳的旅游活动量。如果设计的旅游产品超过旅游资源容量,将会对旅游资源造成破坏,影响旅游资源的可持续发展。

3. 旅游生态容量

旅游生态容量是一定时间内旅游地域的自然生态环境不致退化的前提下,旅游场所能容纳的旅游活动量。旅游者数量超过旅游生态容量,自然生态环境就超负荷运转,对自身造成破坏。

4. 旅游经济发展容量

旅游经济发展容量是指一定时间、一定区域范围内经济发展程度所决定的能够接纳的旅游活动量。如果盲目追求经济效益,会降低旅游者体验,长远来看会很快进入旅游产品生命周期的衰退期。

5. 旅游地域社会容量

旅游地域社会容量是指接待地区的人口构成、宗教信仰、民俗风情、生活方式和社会开化程度所决定的当地居民可以承受的旅游者数量。如果旅游产品超出旅游地域社会容量,一方面将会对当地文化造成冲击和流失,另一方面会使社区居民的利益受损。

(三)竞争分析

当前旅游市场竞争激烈。在旅游产品设计的过程中,竞争分析是很重要的一个环节,只有知己知彼,才能百战百胜。

1. 价格竞争

在市场经济条件下,竞争分为价格竞争和非价格竞争两种基本形态。价格对大多数旅游者来说依然是考虑选择旅游目的地的重要因素之一。在获得同等品质旅游体验的前提下,价格越低越受旅游者欢迎,从而更具有市场竞争力。

2. 品质竞争

旅游产业市场竞争中,除了价格这一重要的竞争手段之外,还有品质这项关键的竞争因素。当旅游产品的成本确定之后,产品品质如何将在很大程度上决定其在旅游市场中的竞争地位。优质产品相比于劣质产品具备更加强大的市场竞争力。品质是非价格竞争的重要手段。在产品成本一定的情况下,产品品质高低决定着其市场竞争地位。所以,旅游企业要不断创新产品种类及形式,增强消费者的参与感和体验,最终使得企业产品在旅游市场上具备越来越强的竞争力。

3. 特色竞争

旅游产品差异化既是一种市场营销行为又是一种强有力的非价格竞争手段。旅游目的地可通过技术和管理创新来体现旅游产品及其服务内容的差异性,从而促使旅游者形成对该旅游产品的特殊偏好。由于旅游者的强烈需求偏好导致该旅游产品价格的需求弹性较小,旅游者对价格的反应不敏感,即使稍微提高价格其市场需求的下降幅度也会很小,极易与其他旅游产品形成价格差别,发展成为差异化产品,从而在市场竞争中占据有利地位。

第二节　旅游产品设计的方法和原则

一、旅游产品设计与开发的方法

旅游产品的设计与开发要有一整套方法,能够识别有旅游价值的"点",是旅游产品的核心竞争力。但是在旅游产品的设计中,实体的旅游点往往不能被某个旅游企业所垄断,旅游产品新的创意闪光点,在市场上一旦推出,很容易被其他旅游企业所模仿。因此,目前的旅游产品设计,主要是从旅游产品的级别和结构入手,开始注重旅游服务细节的设计。这反映了旅游产品设计的新的发展趋势。在旅游产品设计过程中,方法是多种多样的,主要包括以下几种。

(一)另辟蹊径法

处于旅游资源劣势的旅游目的地,常常难以突破周边强势旅游资源的覆盖和影响。如何另辟蹊径找到适合自己的发展道路,如何进行旅游产品的创新显得十分重要。

1. 形象创新

旅游产品设计的主题和命脉是旅游区域或景区的旅游形象,创新旅游形象意味着旅游产品设计的方向和动力将发生质的变化,因此,旅游产品设计创新的首要突破点是旅游形象的创新。旅游形象的创新需要经过分析周边旅游形象、评价自身旅游资源、进行合理创意发挥、市场运营调研反馈等环节,最终确立自身的独特、个性且具有市场认可度的旅游形象,在旅游形象创新的基础上,旅游产品的创新便顺理成章。

2. 产品类型创新

如果旅游产品设计的主题没有创新点,可以退而进行旅游产品类型的创新,产品类型的变化将满足不同旅游者的旅游需求,也是产品创新的重要环节和选择。旅游产品类型有多重分类标准,在旅游产品设计时要根据旅游规划地或景区的资源类型和目的地市场的类型选择适当地划分标准。例如,设计人工旅游产品满足旅游者的多元化和体验型的旅游需求,设计智慧旅游产品适应旅游业的信息化和智能化的趋势等。

3. 产品市场创新

即使是产品方向和产品类型都没有寻找到良好的创新点,也并非旅游产品设计的创新无计可施。在本书中多次强调,旅游市场和旅游需求对旅游规划和旅游产品设计有着源头性和决定性的作用和意义。因此,对旅游产品进行市场创新是不可或缺的环节,甚至是决定性的环节。市场创新的主要部分是引领市场需求和挖掘市场空白,前者主要是指开发新市场引领潜在旅游者实现内在旅游需求,进而逐步演化为新兴的旅游产品,如探险旅游、养生旅游、婚庆旅游等都是通过引领市场需求实现的。后者主要是指挖掘已有旅游产品的市场空白点,例如农村市场、老年人市场、城中村市场。

(二)见缝插针法

见缝插针法是反向旅游中的旅游产品创新。见缝插针,以差异为起点,以需求为源点,以市场为基础,是旅游产品设计的一个突破点。我们把旅游目的地景观与旅游者原驻地景观之间的"极端差异"称作"反向",反向旅游的表面是追求景观差异的极大化,实质是追求差异化旅游体验极大化,也是一种跨文化旅游行为。和一般旅游相比,反向旅游的求知求奇效益更大。

城市与乡村、沿海与内陆、山区与平原、干旱地区与湿润地区(雨季与旱季)、东方与西方、盛夏与隆冬、发达国家(地区)与发展中国家(地区)、安全舒适环境与紧张刺激经历等,都是可以挖掘利用的反向差异。例如,大连金石滩"发现王国"主题公园就是利用了很多城市工作者特别是年轻人的安全舒适环境与紧张刺激经历的反向差异,取得了不错的效果;避暑旅游就是利用了气温差异而产生的反向差异而进行的旅游产品设计;而未来具有很大发展潜力的极地旅游和深海旅游都是在反向旅游的语境中进行的旅游产品设计。

反向旅游中的旅游产品设计的创新,也是立足于本书中多次强调的旅游市场和旅游需求的基础性作用,见缝插针是要求把握市场机会和市场空白,善于分析目标市场的需求类型和内容,通过细腻的手法和细节的设计实现旅游产品与旅游市场的对接。

(三)角色转变法

人们以一种方式生活久了,大多想体验一下新的生活方式,大多数旅游从本质上就是为了短期地满足这种需求。角色转变法的关键在于通过产品设计引导旅游者进行角色转变和转变后的角色体验。通过两种角色的反差,经历新的生活方式,获得精神上的愉悦并得到全面放松。

(四)创新法

创新的主要目的,是引领消费者对新的旅游产品产生需求;因此,创新设计是处于强势地位的领先企业想要保持一路领先的必由之路。这里的创新设计,主要由主题创新、内容创新、形式创新等几大部分组成。如某旅游企业通过市场调研,发现本地的高端旅游消费者对高尔夫运动越来越热衷,因而,适时推出了到全国主要度假旅游胜地——海南岛的高尔夫度假之旅,由于市场定位准确、产品设计合理,一经推出之后,得到许多高端消费者的追捧,一时间,"到海南去打高尔夫"成了本地高端人群的时尚运动。

(五)借鉴法

借鉴别人成功的经验、吸取失败的教训,是自身发展的捷径。旅游产品创新设计的成功,固然可以获得良好的市场效果,但也存在着失败的风险,而且容易被其他旅游企业模仿。因此,目前,在中国旅游界借鉴设计的方法,被广大中小旅游企业所采用。他们通过分析创新者推出的旅游产品的特点和市场定位,根据自己对市场的认识和客户的需求,对产品进行重新包装,迅速获取收益。在旅游产品设计过程中,这种方法同样奏效,具体体现在汲取成功的设计模式与自身优势的结合上。如上海某旅游企业在分析了"我到北京上大学"的产品特点之后,充分学习了该产品的设计细节、包装方式及其主要卖点之后,经过对青少年旅游市场的调查分析,发现拓展训练可以提升学生的心理素质和帮助青少年克服一定的心理问题,而青少年的心理问题已经成为一个被广泛关注的热点,在旅游专家的指导下,该旅游企业在 2004 年适时推出了包含"名校参观、心理辅导、野外拓展、学生交流、才艺展示"等卖点的青少年夏令营产品,受到中西部地区广大青少年的普遍欢迎。目前,该产品已经成为该旅游企业主要的盈利点之一。由此可见,对于一些中小旅游企业,认真分析自身的优势,借鉴大旅游企业推出的新产品进行二次开发,再推出具有自身特色的旅游产品是可行的。

二、旅游产品设计与开发的原则

旅游产品的形态是多种多样的,但不同形态的旅游产品在其设计过程中,却应遵循基本相同的原则。

(一)市场原则

旅游产品开发的目的在于通过产品销售,获得经济利益。只有满足旅游者的需要,使产品有销路,才能赢得市场,获得利润。旅游产品开发的市场原则具体体现在以下三个方面。

1. 根据市场需求变化的状况开发产品

旅游者的需求是千差万别的,同时又是千变万化的,但其中也不乏相对稳定的因素。对于大众旅游者来说,以下需求具有代表性和稳定性:(1)到未曾到过的地方,增广见闻。(2)从日常的紧张生活中求得短暂的解脱,提高情趣、舒畅身心。(3)尽量有效地利用时间而又不太劳累。(4)尽量有效地利用预算,物美价廉。(5)购买廉价而又新奇的东西。

旅游企业可以根据旅游者这些相对稳定并具有代表性的需求特点,同时结合不同时期的不同风尚和潮流,设计出适合市场需求的旅游产品。

2. 根据旅游者或中间商的要求开发产品

旅游企业还可以直接根据旅游者和客源产生地中间商的要求,设计专门的旅游产品,开拓自己的市场。

3. 创造性地引导旅游消费

旅游企业审时度势,创造性地引导旅游消费,也是市场原则的实际应用。

(二)经济原则

所谓经济,是指以同等数量的消耗,获得相对较高的效益,或以相对较低的消耗,获得同等的效益。旅游产品同其他产品一样,也有各种成本支出,如交通费、住宿费和餐饮费等。这就要求旅游企业在旅游产品设计过程中,加强成本控制,降低各种消耗。例如,通过充分发挥协作网络的作用,降低采购价格,这样旅游产品的直观价格就能降低,既便于产品销售,又能保证旅游企业利润。

旅游产品开发的经济原则,还表现在旅游企业总体结构应尽可能保证接待能力与实际接待量之间的均衡,减少因接待能力闲置造成的经济损失。事实上,接待能力曲线与市场需求曲线之间经常存在着明显的差距,有时需求大大超出接待能力,有时需求又大大低于接待能力,二者吻合的机会极少。当然,我们并无力达到绝对的平衡,事实上,绝对的平衡也不存在。但我们却可通过产品的优化组合和必要的辅助手段,如价格调节,使旅游需求尽可能与旅游企业的接待能力趋于平衡。

(三)旅游点结构合理的原则

旅游企业在设计旅游产品的线路时,应慎重选择构成旅游线路的各个旅游点,并对之进行科学的优化组合。具体地讲,在旅游线路设计过程中应注意以下几点。

1. 尽量避免重复经过同一旅游点

在条件许可的情况下,一条旅游线路应竭力避免重复经过同一旅游点。因为根据满足效应递减规律,重复会影响一般旅游者的满足程度。

2. 点间距离适中

同一旅游线路各旅游点之间的距离不宜太远,以免造成大量时间和金钱耗费在旅途中。

3. 择点适量

目前,短期廉价是大众旅游者的追求目标,旅游者的旅游时间一般在三天至两周之间。在时间一定的情况下,过多地安排旅游点,容易使旅游者紧张疲劳,达不到休息和娱乐的目的,也不利于旅游者深入细致地了解旅游目的地。同时,择点过多,对旅游产品的销售也会产生不利影响,致使旅游回头客减少。

4. 顺序科学

一条好的旅游线路就好比一首成功的交响乐,有时是激昂跌宕的旋律,有时是平缓的过渡,都应当有序幕——发展——高潮——尾声。在旅游线路的设计中,应充分考虑旅游者的心理与精力,将旅游者的心理、兴致与景观特色分布结合起来,注意高潮景点在线路上的分布与布局。在交通安排合理的前提下,同一线路旅游点的游览顺序应由一般的旅游点逐步过渡到吸引力较大的旅游点,这样可以使旅游者感到高潮迭起,而非每况愈下。例如,对国际旅游者来说,广州—桂林—上海—西安—北京一线的组合便优于其逆向组合。

5. 特色各异

一般来说,不应将性质相同、景色相近的旅游点编排在同一线路中,否则会影响旅游线路的吸引力。当然,专业考察旅游则另当别论。例如,广州—桂林—上海—西安—北京一线,正是由于各旅游城市独有的特色和科学的组合而成为我国在国际旅游市场中畅销的旅游线路。

(四)交通安排合理的原则

交通工具的选择应以迅速、舒适、安全、方便为基本标准。在具体安排上,长途一般应乘坐飞机;交通工具的选择应与旅程的主题相结合;同时要保证交通安排的衔接,减少候车(机、船)的时间。

(五)服务设施有保障的原则

旅游线路途经旅游点的各种服务设施必须得到保障。如交通、住宿、饮食等。这是旅游企业向旅游者提供旅游服务的物质保证,缺少这种保证的旅游点一般不应考虑编入旅游线路。

第三节 旅游产品策划、设计过程

一、旅游市场调查

(一)设计问卷调查表

设计问卷调查表是问卷调查的第一步。设计科学、合理、符合被调查者心理的市场调查表,被调查者乐于配合调查,问卷的回收率高,甚至还能提供超出调查者预期的建议或信息。设计不科学、不合理、违背被调查者心理的市场调查表往往达不到预期的效果。

(二)旅游市场问卷调查表常用的问题

旅游市场调查表必须设计关于出游目的地、出游时间、出游目的、出游时限、出游人数、出游经费的六类核心问题,每类问题都要再设置多个有相互联系、支持和延伸的子问题,以帮助对调查问题的深入了解。

(1)您喜欢到什么地方去旅游?(目的地)

(2)您准备什么时间去旅游?(出游时间)

(3)您为什么去那儿旅游?(客户需求、可获得的利益、旅游体验等)

(4)您准备去那儿旅游多长时间?(持续时间)

(5)这一次和您一起去旅游的人数是多少?(人数、团队规模)

(6)您期望得到什么规格、水平的服务?(价格、价值、客户期望)

(三)巧妙组织与被调查者沟通的语言

在市场调查过程中,调查人员在与被调查者沟通时,要注意适当的方法和措辞。

调查人员与被调查者沟通,可以通过一定的提问方式,以获取想要知道的信息。在具体沟通过程中,可以采用开放式提问的方法。如"您对上一次假期出游的印象如何?""过去都是谁为您安排的旅行?"等。有时为了得到有针对性的确切信息,可以采用限制性提问方式,如"您计划在周末动身还是平时动身?"等。

一般情况下,调查人员会把预算问题放到最后提问,因为被调查者对产品和服务感到满意之后,再谈价格和预算问题,能较准确获得被调查者的出游需求。但是,不应问被调查者:"您每月有多少收入?"而应问:"您一年中有几次出游计划?""准备花多少钱完成您的出游计划?""一日游您能接受的价格大约为多少?""2~3日游您能接受的价格范围为多少?""6~7日游您能接受的价格范围为多少?"这样,你的调查既不让被调查者反感,又为设计新产品了解了多层次的信息。

二、分析旅游市场调查表

第一,将市场调查表收集到的所有信息加以分类,并进行分类分析。如出游欲望分析、出游时间和时限分析、出游目的地分析、出游花费分析等,为了一目了然,可以将这些数据做成饼状图或柱状图。不方便作图分析的内容可以用文字表述。

第二,根据回收的市场调查表,分类分析后,写出调查报告。

第三,将回收的问卷分析之后,以大事记的方式,记录下重要内容。

不同的出游需求对旅游产品的要求不同。不同出游需求的旅游者对产品的组织形式、产品档次(价格)标准、产品包含的内容、产品的服务质量等都有各自的标准。如公职人员和大、中型企业的员工对产品的组织形式、产品档次(价格)标准、产品包含的内容、产品的服务质量等要求都很高;学生们对产品包含的内容很重视,同时价廉是他们的共同愿望;而一般大众旅游者更关注产品档次(价格)标准,产品的服务质量。休闲度假的消费者会对产品包含的内容、产品的服务质量更加关注,只要产品包含的内容和服务质量让他们心动,产品价格一般较易接受。另外对旅游产品不同的要求会直接限定新产品的行程时间,旅游者对出游行程中食、住、行、游也有特别要求。在设计旅游产品的时候要根据对旅游调查表分析之后得出的结论设计不同的旅游产品来满足广大旅游消费者的需求。

三、新产品策划构思

(一)策划产品构思的资料准备

(1)依据"市场调查分析报告""相关政策""旅游新产品预测报告"进行产品构思。

(2)收集旅游目的地的就餐标准、住宿档次和价格、交通工具标准和价格、特色景区的游览门票价格,以及各旅游目的地城市间交通工具的种类、标准、抵达离开时间和价格等信息。列出收集到的食、宿、行、游相关费用的参考价。

(二)策划产品构思的思路

(1)从出发地出发乘什么样的交通工具到达旅游目的地? 若是火车直奔旅游目的地,是选择硬座、硬卧还是软卧? 在火车上是提供包餐,还是游客自理? 因此,每种不同选择都需要做一个构思。

(2)到了目的地由地接社到车站接站后,是先住店还是先吃饭? 这些需要根据火车到站的时间来安排才能合理。

（3）吃什么标准的餐？每人每天 35 元、50 元还是 70 元？每种餐标都做一个安排。

（4）在旅游目的地游览时乘坐什么样的旅游车？进口空调车还是国产冷热风大巴？

（5）住什么标准的饭店？二星级、三星级、四星级还是五星级？

（6）综合服务费怎么收？是多些给游客让利还是为游客提供优价优质的服务？

四、可行性分析及实地考察

构思并不等于方案，构思只有经过专业技术人员的筛选和可行性论证，才能最终确定其价值。

（一）可行性论证

筛选就是旅游企业专业技术人员根据直观的经验判断，剔除那些与旅游企业的发展目标、业务专长和接待能力等明显不符或不具备可行性的构思，缩小有效构思的范围。筛选构思的目的是尽可能早地发现和放弃错误的构想，以便将目标集中在有开发前途的产品上。旅游企业对新产品设想进行筛选时，既要防止对那些好设想的潜在价值估计不足，损失好机会，又要防止误选了缺乏营销前途的设想，以致造成失败。第二步的筛选更具科学性，通常可以对初步筛选出的构思进行等级评定，并根据等级指数的高低，确定可行性论证的顺序。

可行性论证是定性分析的一种手段。旅游企业准备开发某系列产品时，除了要做定量分析之外，定性分析也是必不可少的。可行性论证要从新产品的发展前途、销售市场、竞争态势、产品价格以及旅游企业内部条件五个方面进行定性分析和论证，同时从定性分析的角度来看，旅游企业在方案选择过程中还应考虑以下标准：①有利于（至少无害于）当地社会经济的发展；②有利于占有市场,增加销售;③有利于提高旅游企业的竞争能力;④有利于刺激中间商或代理人的销售热情;⑤有利于保证原有产品的正常发展。

(二)实地考察

可行性论证做完之后,旅游企业要组织设计人员进行实地考察,历经全部行程,站在一个旅游者的角度审视和体验这个产品的吃、住、行、游、购、娱的各个环节,查找问题,进行修改、解决。旅游企业认为该产品可以上市销售之前,往往还会邀请拟合作的各地组团旅游企业经理或旅行商前来考察体验,根据业界同人的建议再做进一步修改完善才进入该新产品试销环节。

五、确定产品组合

旅游产品组合是以旅游者的多种需求为出发点,以提升产品的市场竞争力为目标,围绕不同的旅游主题和旅游类型,对一切关联的优势要素进行整合,以适应不同旅游者的需求。我们通常用产品组合深度、产品组合广度以及产品的关联度来测量产品组合的状况。

旅游产品组合广度是指该产品在横向方面的旅游产品大类的多少。旅游产品组合的广度越大,所经营的项目就越多。旅游产品组合深度是指该产品组合中各个产品大类中所包含的纵向产品内容的多少,以满足更多的细分市场需求。旅游产品组合的关联度是指所经营的各种产品间联系的疏密,这种联系程度一般表现在各要素趋向产品主题的程度。

旅游产品组合的广度、深度和关联度,为旅游产品组合开发提供了基本的框架。如对普洱文化旅游产品采用开放性纵横向组合模式,如图 4-2 所示。

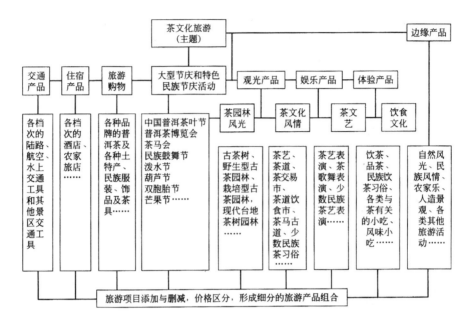

图 4-2　产品组合模式举例

六、设计产品，确定产品价格

旅游产品价格是指旅游企业向消费者提供的产品及服务的价值的货币表现。

(一)确定产品价格的依据

相对于其他商品，旅游产品价格的灵活性是比较高的。而旅游产品价格，对整个旅游市场方方面面的影响是很大的。所以在制定旅游产品价格时，要考虑到价格可能对其产生较大影响的相关方面。

1. 预期收益率

资本的预期收益率，是指在一定期间内，期望获得的总收益与所投入本金之间的比率。如果以获得一定的资本收益率作为出发点，来制定旅游产品的价格，那么产品价格＝(1＋预期收益率)×所投入的资本。其中预期收益率,是投资者心目中想要达到的一个值。这个值是根据预期销售量和往年销售及目前发展情况,对收益率作出的希望性判断。可以根据以往的销售记录和目前的发展情况,对未来发展作出一个合理的预测。用统计学的方法作出的预测,往往是比较科学和可靠的,可以用它来作为对未来产品销售量的估计。在实际操作中,往往会确定一个最低的预期收益率。这是投资者愿意将某一笔资本投资于某旅游产品的最低收益率要求。而最高预期收益率往往可以取一个以往最高的销售纪录。从最低收益率和最高收益率,可以得到一个产品价格的平均值,即可行性范围。在这个范围内,可以再综合其他因素,来对价格作出相应的调整。这种以预期收益率为主要依据的定价法,往往用于一个较短时期内对某种旅游产品的一次性投资,因为其考虑的侧重点在于资本的回报率。

2. 稳定合理的营业额及利润

对于大多数从事旅游行业的企业而言,有稳定的营业收入和利润,是企业持续发展的保证。而且稳定的盈利对一个企业的长远发展是至关重要的。当企业以预期收益率为主要定价依据时,往往会采取比较温和而稳健的定价策略,随着同行业市场定价的动向,随时调整自己的产品价格,以保证本企业所占市场份额的相对稳定。所谓营业额或利润的稳定性,是指由合理的产品定价带来的合理利润,而合理的产品定价,是指由市场决定的,不会使消费需求产生较大波动,也不会影响到产品质量的定价。旅游产品的定价,虽然较其他实体商品的实价有更大的灵活性,但是定价却一定会对市场需求、产品自身质量和品牌信誉带来极大的影响。

3. 整个行业的经济水平

企业对自身产品的定价,可以以行业中已经形成的现行价格为参照。那些实力雄厚、开业时间较长、自身信誉较高的旅游企业,对自身产品的定价可以看作是同行业的主导价格。即其他企业的产品定价,可以以其为参照。例如,一个规模较小、知名度不高的企业,对其产品定价时,就应略低于这种主导价格。因为其自身不具备与实力强大的企业相同的竞争优势,可以靠稍降低价格来吸引顾客。但是这种价格不可能比主导价格低得太多。一方面因为主导价格是这个行业长期经营所形成的价格,有稳定的利润率,如果比这个价格低太多,就不会有多大的利润空间,甚至会损本。另一方面,大幅度的价格偏离价值,也可能引发价格战,最终损害整个行业的利益。

4. 维持品牌

另一个重要的定价依据,是该旅游产品的品牌形象。我们都知道,不同的旅游产品均有其自身所标榜的品牌形象。不同的产品,定位不同,各有其自身独特的品牌形象,其产品的定价,应与产品的品牌形象相一致。如果不一致,不但会减少收益或市场份额,还会有损于品牌形象。例如,豪华旅游产品,是为满足某个高消费群体对高品质产品和服务的需求而设定的。如果为了招揽更多顾客而降低这类产品的价格,不但不会取得更大收益、吸引更多顾客,反而可能失掉以往的顾客。

(二)旅游产品定价的方法

一定时期内旅游企业的营业费用是总成本。接待每个旅游团的经营成本作为单位营业成本。旅游企业营业成本是制定价格的最低界限。超过这个最低界限的部分是利润、税金和折旧。关系式:

旅游产品销售价格＝旅游企业营业成本＋利润＋折旧＋税金

(旅游产品销售价格的利润率通常是按旅游企业的平均利润率确定的)

1. 成本加成定价法

旅游企业预期单位成本加上平均利润率确定产品售价。

计算公式：

$$\frac{\text{单位产品}}{\text{价格}}＝预期单位成本×（1＋平均利润率）$$

$$＝综合服务成本×（1＋利润率）＋房费＋餐费＋城市间$$

$$交通费＋专项附加费$$

注：计算公式中的"平均利润"包括旅游企业各种费用、税金、折旧和利润，平均利润率可根据旅游企业管理者的经验估出，也可根据旅游企业行业的平均利润率计算。

2. 售价加成定价法

以旅游企业在旅游市场的销售价格为基础，按平均利润率计算售价。

计算公式：

$$单位产品价格＝预期单位成本÷（1－平均利润率）$$

区别：相同的预期单位成本和平均利润率，以预期单位成本为基础，计算的售价较低；以平均利润率为基础，计算的售价较高。

3. 边际贡献定价法

边际贡献定价法，这种定价法只计算变动成本，不计算固定成本，以预期的边际贡献补偿固定成本并获得盈利。边际贡献是产品销售收入和变动成本的差额。

计算公式：

$$单位产品价格＝单位变动成本＋单位边际贡献$$

主要用于同类旅游企业产品供过于求客源不足时，为保住市场份额，暂时不计固定成本，以较低价格吸引客源的方法。

4. 投资回收定价法

投资回收定价是根据旅游企业的总成本或投资总额、预期销量和目标收益额来确定价格。

基本公式为：

单位产品价格＝（总成本＋目标收益额）÷预期销售量

这种定价方法可以保证在一定销量条件下收回全部成本，并实现既定的目标利润，但由于此方法是以预期销售量来推算价格，忽略了价格对销售量的决定和影响，只有经营垄断性产品或有很高市场占有率的旅游企业可用这种方法进行定价。

5. 随行就市定价法

这种方法是指根据旅游企业通过对市场竞争、市场需求及旅游者反应的不断监测，以随机的方式对产品价格进行相应调整，以期在可能的范围内获得最大利润的定价方法。这种方法易于应付竞争，保证旅游企业获得平均利润，是一种较为稳妥的定价方法。

新推出旅游产品的定价，一般可按定价出发点的不同分为三种。

第一种，通常被称为撇脂定价，即在新产品刚开始投入市场的时候，以高于成本较多的价位出现。这样做的目的，主要是为了在较短的时间内获得丰厚的利润。这种定价的可行性前提，就在于新开发的产品一般具有较强的吸引力，并且几乎没有什么竞争对手，这时就算价格定位较高，也可以被一部分具有好奇心理的顾客所接受。因此可以保证一定的顾客数量和较高的营业额。这种定价策略还有一个好处，就是在新产品投放市场一段时间后，竞争者纷纷进入之时，给自己的产品价格留有一个较大的调整空间。

第二种，是渗透定价，即在新产品投入市场的开始阶段，就将价格定位在一个偏低的位置上。这是一种让消费者一开始就能接受并满意的价格。这样做虽然会丧失新产品推出时可能赚得的丰厚利润，但却有利于占领较多的市场份额。一开始就以很低的价位运作，就使同业者很难加入到该产品的竞争行列中来。这种定价法通常用于对所推出的新产品具有长期经营目标的时候。

第三种,是温和定价,这是一种介于撇脂定价和渗透定价之间的定价,即不在新产品开始推出之初定价很高,也不把价格定得太低。这么做,一方面可以避免一开始因为定价过高,而难以开拓市场;另一方面,既给自己的产品价格创造了一个较大的浮动空间,又可以保证有一个较丰厚的利润空间。

七、设计导游词

导游词就像演员的脚本,脚本为演员提供了表演的广阔天地;而导游词则为导游员提供了导游讲解挥洒自如的广阔平台。导游词创作质量的高低,影响着一个产品旅游资源的质量和开发程度的评价,对一个地区旅游形象的树立也至关重要。通常来说,要创作出好的导游词需要注意以下几个方面。

(一)注重选题

在导游词的创作中,首先碰到的就是"写什么""怎么写"的问题。选择什么景观、古迹故事作为写作的对象,它决定着整个创作活动的方向,也在很大程度上决定了对一个产品旅游资源的质量评价。要做好选题工作,应当遵循下面几个原则。

1. 要突出个性

导游词一定要突出所描写景观的个性,即充分揭示其本身独有的、不同于其他任何景观的特色。个性即特色、特点,是独一无二的东西。个性越鲜明,导游词的价值越高。

2. 要突出整体

任何一个优秀的景观,不论是自然风光或是名胜古迹,都有其广阔的社会政治背景、深厚的历史文化内涵,它往往是众多景点中最具有特色的珍品。但是,它之所以优秀,绝不是孤立的,一定具有其"众星捧月"的原因。因此,在编写导游词时,不能"就寺论寺""就景写景",孤零零地描述单个景点,这不但显得单调肤浅,而且也失去由此及彼、以重点带一般的整体性。

3. 创新原则

就是要求所选主题有新内容、新见解、新材料、新角度。所要描写的景观,不论是自然景观或人文景观,都有悠久的历史,一般都有着大量的口头流传的故事或丰富的文学材料。尤其重要的是,要努力从新的角度去思考和观察客观世界的对象,或前人虽已有涉猎但尚未充分表现的东西,从而获得新意,这也就是我们经常说的"推陈出新"。

(二)力求导游词文本的创新

旅游新产品中涉及的比较成熟的景区(景点),许多已经有了比较现成的导游词。但是,对于不同客源地、不同社会地位、不同年龄结构、不同知识背景的游客,导游词必须有所调整。导游队伍中,关于导游讲解流传着这样的说法:要看对象,定深浅;看要求,定重点;看时间,定长短;看人数,定音量。

(三)沿途导游词

如果想让旅游者自踏上行程的第一步就喜欢上这个产品(路线),是不能等旅游者到达游览景点才开始讲解的,而应是从上路的第一步介绍了旅游企业和自己之后就开始沿途导游讲解。因为在整个游览过程中旅游者至少有三分之一的时间是在途中,途中时间会冲淡旅游者开始旅游之初的激动心情,这么长的行程时间会使旅游者感到乏味。而且有不少景点是需要在前往的途中观远景才能体验到此景之美之奇之壮观,如果只是在进入景点后再进行讲解,就会让旅游者留下"不识庐山真面目,只缘身在此山中"的遗憾。

1. 沿途导游讲解的顺序

沿途导游讲解内容主要是顺着游览的路线以及顺序在旅游

车行进的过程中进行讲解,当车行到最佳观景距离前(根据车行速度合理安排即可)开始讲解。

讲解时可根据各种具体状况对导游讲解内容进行繁简变更。

2. 主客观因素对沿途导游讲解的影响

(1)主观因素

第一,游客的反应。根据旅游者的种种具体反应调整导游讲解,主要是针对旅游者的兴趣焦点以及好恶爱憎等方面的心理倾向,对讲解内容进行删减或充实,使讲解收到理想效果。

第二,游客的兴趣爱好。游客有不同的兴趣爱好以及不同的心理偏向,导游员要根据这些情况选择使用旅游者最容易理解、接受的讲解内容和语言表达方式。

(2)客观因素

应根据游览的时间长短、不同季节、不同的气候条件以及不同的游览路线等客观因素对现有的导游词进行再加工,使导游讲解更具有适应性。

第一,时间。根据旅游车行时间的长短调整讲解内容的多少,达到详略得当。如车行时间长,可以讲得详细一些;反之讲得简略一些。

第二,路线。根据旅游车行进的具体路线调整讲解内容,也就是说怎么走就怎么讲。车行路线不同,具体的导游讲解内容及景观也不相同。

第三,气候。气候情况的变化会使沿途景观效果也随之改变,如在风和日丽的大晴天看漓江是"奇峰侧影";阴天时看漓江,漓江与两岸就变成"云雾山中";若是遇上倾盆大雨,这时的漓江已变成"漓江烟雨"了。因此要根据游览活动当时的天气情况灵活变化讲解。其中,一是针对同一个景观,根据风雨阴晴等不同的天气变化,导游讲解内容要有所变化;二是针对同一个景观,冬天有冬天的说辞,夏天有夏天的讲法,春天突出春天的特点,秋天讲出秋天的个性。

八、对产品进行试销,确定销售渠道

(一)旅游产品试销

旅游产品试销是把一种旅游新产品小批量地投放到经过挑选的、具有代表性的小型市场尝试性销售,试销可达到四个目的:一是了解新产品销路;二是检验市场经营组合策略的优劣;三是发现问题解决问题;四是检验旅游者可能产生的反应。旅游产品试销就是使新产品失败的风险最小化。

在旅游产品试销阶段,旅游企业应该特别注意:一是试销的新产品数量以及新产品规模要适中。数量过多集中度下降,规模过大难控制局面。但数量过少、规模过小又很难正确评价试销情况,容易以偏概全。二是产品试销必须保证质量,无论是购买的食、住、行、游、购、娱的商品质量,还是旅游企业提供的旅游服务质量,都不能出现失误和质量问题。在试销中发生失误和质量问题对新产品是致命的伤害。三是要防患于未然,充分估计各种可能情况的发生,做好补救预案有备无患。四是经过试销证明该产品确实没有销路,切忌勉强投入市场。

新产品试销效果良好,符合预期的要求,就可投放市场。在新产品投放初期,旅游企业还应该对新产品定期检查和评价,广泛收集各种反馈信息,以便对该新产品进行必要的修订和改进。

(二)销售渠道

旅游企业产品的销售渠道又称流通渠道,是指旅游企业通过各种方式将产品转移到旅游者手中必经的途径或环节,是旅游企业市场营销组合的一个重要因素。它的作用在于方便旅游者及时、便利地购买旅游产品,也有利于旅游企业迅速、大量地将产品投放市场。

旅游产品的销售渠道主要包括两大类,即直接销售渠道和间接销售渠道。

销售渠道决策是旅游企业面临的最复杂和最富挑战性的决策之一,不同的渠道系统决定不同的销售成本和收益水平。而且,一旦选定了某种渠道,旅游企业通常就必须在相当长的一段时期内依从这种渠道。所以,选定的渠道将直接影响旅游企业的其他营销和经营决策。

1. 直接销售渠道

直接销售渠道是指旅游企业直接将产品销售给旅游者,中间没有介入任何中间环节。直接销售渠道是一种产销结合的销售方式,其优点如下。

(1)简便。旅游企业在主要客源地区建立销售点、分支机构,直接向旅游者销售其产品,手续简便,易于操作。

(2)灵活。旅游企业在销售过程中可以随时根据旅游者需求对产品进行改良或开发。

(3)及时。旅游企业通过直接向旅游者销售产品,可以在最短的时间内将最新产品送到旅游者身边,有利于迅速占领市场。

(4)附加值高。旅游企业在销售某项产品时可以随机向旅游者推出其他产品,增加产品的附加值。

(5)利润大。直接销售避开了中间环节,节省了中间商的手续费等销售费用,增加了旅游企业的利润。

直接销售渠道的主要不足是覆盖面窄,只适合在本地或其他主要客源地使用,影响力相对较小,由于受财力、人力等因素的限制,中小旅游企业难以在所有客源地建立分支机构和销售点,因此在招徕客源方面难免力不从心。

直接销售的方式有:人员推销、邮寄销售、门市销售、联合销售、通过旅游展销会与顾客直接签订合同。

2. 间接销售渠道

间接销售渠道是指在旅游企业和旅游产品的最终消费者中

间介入了中间环节的销售分配系统。间接销售渠道在实际运用中主要包括两种形式。

(1)通过零售商或专业媒介向旅游者销售产品。一般情况下,通过这种渠道销售的产品均为包价旅游,这类产品既适合零散旅游者,也适合团体旅游者。

(2)通过批发商、经营商或专业媒介向旅游者销售产品。虽然介入了另一中间环节,价格并未增加,因经营商或批发商实力较大,通常可以获得较理想的批量折扣。批发商还可以根据自己的经验和研究,在相关旅游产品基础上进行加工和组合,或加上其他地区和国家的产品。经过这样加工后的产品往往更适合当地旅游者的需要。

间接销售渠道中销售环节越多,旅游企业控制渠道所需解决的问题就越多,中间商的加价或佣金等会直接导致直观价格的提高,从而降低了市场竞争力。旅游企业利用间接渠道大批量销售产品的同时,必然将销售产品的权力部分甚至全部让渡给旅游中间商,这就意味着旅游企业将部分丧失对目标市场的控制权。尽管如此,我国许多旅游企业在经营入境旅游业务中大多采用间接销售渠道,通过客源国的旅游批发商和经营商向旅游者出售产品。其原因在于:第一,利用中间商可以节省在许多主要客源国和地区建立销售网点的费用;第二,国外的大旅游批发商可以在一定时期内大量购买旅游产品;第三,旅游中间商拥有自己的目标市场,了解当地旅游者的消费心理和需求特点,并可以有针对性地组合产品;第四,由旅游中间商进行的促销宣传,能使当地旅游者放心购买,增加产品的安全感,有利于销售。

(三)旅游产品的促销

旅游产品的促销是指旅游企业通过各种方式和渠道向旅游者和从事旅游招徕业的旅游企业介绍本旅游企业的产品信息,影响和说服他们购买或推销这些产品的策略和方法。旅游企业在市场经营过程中经常面对着广阔的旅游市场和众多的潜在旅游者。为了增加其产品的销售量,旅游企业必须将它所生产的各种产品信息用多种有效的传播手段最大限度地告诉公众,通过反复提示和诱导,以引起更多人对这些产品的注意和兴趣,进而使其产生购买的欲望,以致最后下决心购买。由此可见,产品促销是旅游企业的一项重要经营业务。

1. 旅游产品的促销目标

旅游产品的促销目标是指旅游企业在一定时期,通过对各种促销要素的有机组合而要达到的总体目标。在旅游企业的经营实践中,旅游产品的总体促销目标是确定旅游产品各促销要素目标的依据,同时旅游产品促销的总体目标也是通过各促销要素目标的实现而实现的。

旅游产品在一定时期内的总体促销目标是旅游产品促销策略的基础和核心,因为:目标决定预算;目标决定促销要素的组合策略;目标是评价促销效果的依据。因此,旅游产品的促销目标,不仅成为旅游产品促销策略成败的关键,而且会直接影响旅游产品的市场营销策略。

旅游产品的促销目标一般应符合以下要求:①目标必须具体、准确;②目标必须量化、可测定;③目标必须现实可行;④各促销要素目标必须协调一致。

一般说来,旅游产品的促销目标可以划分为直接目标和间接目标。

(1)直接目标。是指寻求受众明显行为反应的目标,如提高15％的销售额、增加10％的市场份额等。

(2)间接目标。是不直接导致旅游者行为的目标。如提高产品知名度、改善产品形象、传播知识、改变旅游者态度等。间接目标对旅游者行为可以起到积极的影响和促进作用。

2. 旅游产品的促销要素

旅游产品常用的促销要素有广告、销售推广、直接营销和现场传播等。旅游企业可以单独使用某一种方法,或是将几种方法结合起来使用。

(1)媒体广告

媒体广告是通过支付一定的费用将特定的信息传给大众。广告因其媒体不同可分为电视广告、报纸广告、杂志广告、广播广告、户外广告和网络广告等,每种媒体又存在为数众多的载体,如特定的电视节目、杂志等。

目前,我国大部分旅游企业主要利用自己的网站和大型的综合门户网站,如中国旅游网、携程网、马蜂窝、途牛等发布企业和产品信息的广告。也有一些旅游企业采用电视广告、报纸广告和杂志广告。

(2)销售推广

销售推广是旅游企业在一定条件下,通过举办竞赛、短期内降价和赠送特殊纪念品等非常规的优惠性促销方式,广泛吸引旅游者的注意,刺激旅游者的购买欲望,提高旅游中间商的产品推销效果以扩大销售为目的的活动。它包括面向旅游中间商的销售推广和面向旅游者的销售推广两类。

销售推广与其他促销方式相比,具有自身的优点:推销效果快而强,可依据产品特点、旅游者心理、营销环境等因素,通过各种方式给旅游者提供特殊的购买机会,具有强烈的吸引力,能及时促成购买行为。但由于旅游企业急于推销产品,往往给人以急功近利之感,使旅游者对产品质量、价格等产生怀疑,给旅游企业声誉带来负面影响。因此,旅游企业应力争避免对同类产品在同一市场环境中频繁使用,应与其他促销方式相互配合、补充使用。

(3)直接营销

直接营销是指旅游企业通过直接接触旅游者或客户来推动产品销售的一种促销方法。所谓客户是指所有可以为推销主体的旅游企业提供客源的机构和组织。直接营销包括三种主要形式。

第一,人员推销。是指旅游企业委派销售人员直接上门向旅游者或客户推销产品。人员推销是成本最高的推销工具,必须有限度地使用。旅游企业的人员推销方法包括人员接触、会议促销和讲座促销。

第二,网络营销。是指旅游企业利用自己的网站发布产品信息,客服或销售人员在网络上利用微信公众号或 QQ 来与顾客直接沟通,解答疑问,促成销售的方式。

第三,电话营销。是指通过电话直接和旅游者或客户联系的推销方式。电话营销有两种形式:一种是通过 800 等免费电话系统,吸引旅游者或客户使用电话查询或预订产品,但不直接回答对方提出的问题;另一种是由旅游企业销售人员在电话里向旅游者介绍旅游企业的产品,同时还回答对方提出的问题,引导对方选购旅游企业的某些产品。

(4)现场传播

旅游产品方案中可将旅游企业在营业厅展示区的三分之二的面积,配合展示各地详细文字、图片资料和播放视频,并摆放可供游客自由索取和阅读的手册,争取签订合同。

九、销售产品、制定行程

(一)报价与协商

旅游企业销售人员通过各自的方式向旅游者(或中间商)推出产品(路线、节目和价格),积极与旅游者沟通,了解他们的需求及建议,将他们的需求及建议反馈给设计人员,并根据他们对产品及价格的意见和要求,对产品进行修改。

(二)修改与确认

(1)旅游企业销售人员根据修改后的产品,编制旅行日程表,并核定修改后的产品价格,将其反馈给旅游者(或中间商),请求再次确认。当旅游者(或中间商)确认购买,向旅游企业提供游客名单,确定旅行启程和返程时间,以及所希望乘坐的交通工具(这一步骤有时需要反复多次才能完成),再将确定后的资料重新填入旅行日程表。

(2)在向境外旅游者(或中间商)销售旅游产品时,旅游企业在获得客人的最终确认后,应向我国驻外使领馆发出签证通知,客人凭此办理入境签证,并根据旅游企业要求按期付款。

(三)制作旅行日程表和旅游团日程活动安排

(1)旅游企业销售人员将最终确认的旅游产品路线,制作成一式四份的《旅行日程表》(旅游企业),一份交给计调部门,一份交给财务部门,一份《旅行日程表》(旅游企业)和相关资料移交给接待部门,由接待人员落实具体接待事宜,剩下的一份留底保存。

(2)旅游企业销售人员(或由旅游企业接待部门的人员)依据编制好的《旅行日程表》(旅游企业)中的相关内容为游客编制《旅游团日程活动安排》(游客),届时由接待部门委派的本次旅游团的导游员将《旅游团日程活动安排》交给游客,既达到方便游客能提前了解本次游览活动的具体安排的目的,又可以通过《旅游团日程活动安排》加强游客与接团导游的配合。

十、售后服务

旅游企业只有搞好售后服务,才能巩固和扩大客源,只有客源充足,才能使旅游企业在激烈的竞争中求得生存与发展。目前,国内的旅游企业已经注意到了售后跟踪服务的重要性,有一些旅游企业采取节假日电话、短信、微信问候等方式对客户进行维系,取得了一定的效果。实践证明,优质的销售跟踪服务能提高客户的忠诚度,为旅游企业带来大量的回头客。售后沟通的手段如下。

(一)向顾客表示感谢

旅游结束后向游客赠送小礼物,是向旅游者表示感谢的一种有效方式;有的旅游企业还在年终举办集团客户的答谢晚会。这些手段都能不同程度地提升客户的忠诚度。

(二)寻求客户的反馈意见

旅游者的反馈意见,对于旅游企业进一步提升服务质量、改进服务细节、减少投诉具有重要的作用。同时旅游者的反馈意见又可成为旅游企业开发新的旅游产品的重要创意源泉。

(三)处理并解决投诉问题

投诉是旅游企业面临的一个重大课题。防止出现投诉的最好办法就是在向旅游者推销旅游产品的时候,不要过分夸大旅游产品的功能,使旅游者对产品的期望值与产品所能提供的价值保持一致。同时,把旅途中出现的一些特殊情况及时向旅游者通报,如果因不可抗因素导致旅游行程变更,应征求旅游者的同意,并签署同意变更意见书。对于改变行程后与原行程之间的差价予以补偿。

如果已经出现投诉,接待人员应该表现出真正的关心和虚心的态度,耐心地倾听旅游者的投诉意见,让他们充分发泄内心的不满,直至平静下来,无论什么时候,都应该尽可能先接受旅游者的意见,然后再进行公正的解决,承诺一定改进,并可赠送本旅游企业的代金券或一些小礼品等。

(四)向旅游者提供奖励

促进回头客生意的另一个办法是奖励老客户,各大航空公司实行的 VIP 客户计划,就是为客户提供奖励的充分体现。一些旅游企业为经常参加他们奖励旅游计划的企业准备了专门的折扣奖励计划,而且通过向旅游者赠送积分或免费机票等方式,来体现对老客户的重视。

此外,旅游企业经常采用的一般性的售后服务方法包括以下几种方式:(1)在客人旅游返回后的第二天就向客人打电话问候。(2)给每一位旅游返回的客人发出一份印制精美的表示问候的《意见征询单》。(3)与重要或可能成为"回头客"的客人保持经常性往来和沟通。(4)将准备促销的旅游目的地的各景区(点)的明信片寄给本社的老客户,或发送电子图片,引起他们到这些景点游览的欲望。(5)在适当的时候举办"旅游者联谊会",给旅游者一个"家庭"气氛。

组团旅行采用的售后服务方法如下:(1)旅游结束后向游客赠送小礼物,向旅游者表示感谢。(2)给每一位旅游返回一周的客人寄送一份印制精美的表示问候的《意见征询单》。(3)向重要或可能成为"回头客"的客人写亲笔信,保持亲密往来。(4)对购买过本旅游企业产品的游客进行生日或重大节日的祝贺,使客人感到受重视、受尊重。(5)旅游企业在年底举办老游客(当年有两次以上旅游行为的)和团体客户的答谢晚会。(6)将准备促销的旅游目的地的各景区(点)的明信片寄给本社的老客户,引起他们到这些景点游览的欲望。

第五章 新时期旅游营销发展与创新

旅游业与传统的商业交易不同，它并不需要输送产品到世界各地去。绝大多数旅游产品具有不可转移性。这种不可转移性也说明了旅游产品的信息传播速度越快、效率越高，对消费者的旅游需求刺激影响越大，它的价值也就更容易实现。互联网的发展为全球信息传递与沟通创造了一个极为广阔的平台，也为旅游市场的发展提供了一个新的契机。互联网思维改变了旅游业原有的运作模式，提高了旅游服务产品的交易效率，降低了交易过程中的成本，传递了旅游信息资源，使这一领域的竞争更加激烈。

第一节 旅游销售渠道

旅游销售渠道，即旅游生产者或供应商通过各种直接或间接的销售方式，将其产品或服务转移至最终消费者的整个流通结构。

产品销售渠道的长与短，通常是指产品从生产者（或供应者）向最终消费者转移过程中所经由的中间环节的多少。对于旅游企业来说，最短的销售渠道便是直销，即不经任何第三方而将产品直接出售给最终消费者。

销售渠道的宽度通常是指一个旅游企业所使用的产品销售渠道的数目，以及所设置的产品销售网点的数目及其分布格局。也就是说，其中既涉及经销或代理销售企业产品的中间商的数目,也涉及企业及中间商面向消费者市场所设立的销售网点数目及其分布格局的合理程度。在一个旅游企业的销售渠道系统中,如果经销或代理销售其产品的中间商很多,并且企业自己以及所委托的中间商在各目标客源地域内根据方便顾客购买的原则设置了足够数量的销售点,则该企业用于销售其产品的渠道宽度就很大;反之,如果经销或代销其产品的中间商不多,并且在目标客源地域内设立的销售点很少,那么该企业的产品销售渠道便较窄。

产品销售渠道应以多长、多短、多宽或多窄为宜,不能一概而论,需要依据具体的企业、业务类型、产品以及目标市场等情况进行分析和判断。旅游产品的销售渠道主要有以下两种类型。

一、直接销售渠道

就旅游产品的销售而言,直接销售渠道是指旅游产品生产者或供应商直接向旅游消费者出售其产品或服务。从世界各地旅游企业的销售实践来看,直接销售渠道有三种可供选择的模式(表 5-1)。

表5-1　旅游产品的直接销售渠道

渠道模式	说明
旅游供应商—旅游消费者(在旅游产品生产现场)	旅游消费者前来生产现场购买。旅游供应商同时扮演零售商角色
旅游供应商—旅游消费者(在客源地及消费者家中)	旅游消费者在远离生产现场的客源地通过电话、信函、传真、互联网、预订系统等方式直接向旅游供应商预订
旅游供应商—自设销售网点—旅游消费者(在客源地销售点现场)	旅游供应商在客源地设有自己运营的零售网点

(一)旅游供应商—旅游消费者(在旅游产品生产现场)

这是最早出现的旅游产品销售模式,即旅游供应商向前来生产现场购买的顾客直接出售其产品。在这一模式中,作为生产者的旅游企业在其生产地点同时扮演零售商的角色。这种销售方式至今仍为很多旅游企业所使用,如餐馆、旅游景点、娱乐场所等。

(二)旅游供应商—旅游消费者(在客源地及消费者家中)

这一模式传统上是指旅游消费者通过电话、信函、传真等通信方式预订旅游供应商的产品或服务。随着现代信息技术的发展和推广,这一模式有了拓展。如今很多旅游企业都借助互联网和计算机预订系统直接面向旅游消费者出售自己的产品。远在客源地的旅游消费者在自己家中便可通过互联网或计算机预订系统直接预订相关供应商的产品。在这一模式中,作为生产者的旅游企业通过计算机预订系统或互联网同时扮演零售商的角色。最初,通过计算机预订系统直接面向消费者出售产品的旅游企业主要是一些实力雄厚的大型航空公司和饭店连锁集团。如今,随着互联网技术的普及,借助互联网开展直销和受理预订的做法在旅游业的各个经营领域中都已越来越普遍。

(三)旅游供应商—自设销售网点—旅游消费者(在客源地销售点现场)

这一模式是指作为生产者的旅游企业通过在目标客源地域自设销售网点,直接面向消费者出售自己的产品。由于这些销售网点是由旅游供应商自己设立和运营的,因此这种销售模式仍然属于直销。这一做法在很多不同类型的旅游企业中都可见到。譬如,大型航空公司往往在很多地方设有自己经营的售票处;一些大型的组团旅行社在很多目标客源地域设有自己的零售网点。总之,这一销售模式的特点是,旅游供应商在其生产现场之外的其他地方设置自营的零售网点。

假定不考虑其他方面的因素,仅就直接销售和间接销售这两类销售途径本身而言,前者显然优于后者。与间接销售相比,直接销售最明显的优点表现在:

第一,可以省去向零售代理商支付的佣金,有助于降低流通成本。如果旅游供应商将省下的部分资金让利给消费者,就能以较低的价格出售自己的产品,增强企业产品在市场上的价格竞争力。

第二,有利于旅游供应商及时了解和掌握顾客对产品的态度和其他方面的需求信息,从而有助于不失时机地根据顾客需要和目标市场的需求变化情况改进企业的经营工作。

例如,早在20世纪在80年代中期,随着计算机技术在旅游咨询和预订服务方面的应用,托马斯·库克旅游公司率先在英国市场上取消了独立旅行代理商对公司产品的销售代理权,而完全由公司自设的零售网点进行销售。此举不但为公司省去了每年数百万英镑的佣金,而且使公司能够以较低的"出厂价"面向大众直销其包价旅游产品。此外,这一举措还使公司排除了中间商某些不良行为的干扰,使公司对销售渠道服务质量的控制更为可靠和有效。另据美国 Tour and Travel News 的有关调查,直销业务在美国旅行社行业中的发展速度也很快。进入20世纪90年代后,美国大多数组团旅行社在继续通过旅行代理商销售其产品的同时,都在大力发展自己面向消费者的直销业务。

二、间接销售渠道

尽管直接销售有很多优点,并被普遍认为是旅游业中未来的发展方向,但对于在旅游业中占大多数的中小型旅游企业来说,由于资金实力的限制,它们既无力构建自己的计算机预订系统,也无力在客源地域自设销售网点。此外,虽然大多数旅游企业已开展互联网预订业务,但由于种种原因特别是消费者行为习惯的影响,仍有消费者选择其他销售渠道。对于很多旅游企业来说,一方面由于在拓展直销渠道方面力难从心,另一方面为了应对竞争必须拓宽自己的销售渠道,因而只能与中间商合作,借助后者的力量去拓宽企业的销售渠道。

就旅游产品的销售而言,间接渠道是指旅游生产者或供应商借助中间商的力量,将自己的产品转移至最终消费者的流通途径。这里所称的中间商是指那些从事旅游供应商产品的转售业务、具有法人资格的经济组织或个人。他们大都是各种类型的旅行社和旅游经纪人,包括旅行代理商、旅游经营商、旅游批发商、会议策划商、奖励旅游策划商等。依据业务性质或主营业务,可进一步将旅游中间商区分为经销商、代理商、批发商、零售商等。

在旅游产品的间接销售渠道中,按照所含中间环节的多寡,可将其划分为几种不同的模式(表 5-2)。

表 5-2　旅游产品的间接销售渠道

渠道模式	说明
旅游供应商—旅游零售商—旅游消费者(在零售商经营现场)	即单层次销售渠道。旅游供应商向旅游零售商支付代理佣金
旅游供应商—旅游批发商—旅游零售商—旅游消费者(在零售商经营现场)	即双层次销售渠道。旅游供应商只与旅游批发商有直接的业务合作关系
旅游供应商—本地旅游批发商—客源地旅游批发商—客源地旅游零售商—旅游消费者(在零售商经营现场)	即多层次销售渠道。多见于入境旅游业务。旅游供应商只与本地旅游批发商有直接的业务合作关系

(一)旅游供应商—旅游零售商—旅游消费者(在零售商经营现场)

这一模式即科特勒所称的单层次销售渠道。所涉及的中间商多为旅行代理商以及其他代理旅游零售业务的预订机构。这一模式在以欧美为典型的外国旅游业中非常普遍。除了专事批发业务的旅游公司完全通过这一模式进行销售和组团之外,众多类型的旅游供应商(如饭店、航空公司、邮轮公司等)也都将这一模式作为销售产品的主渠道。这一渠道模式的基本特点是,旅游产品生产者或供应商需要向代销其产品的旅游零售商支付代理佣金。

在我国旅游业中，这一销售模式虽不像在欧美国家中表现得那样典型，但事实上也存在。例如，社会上有很多专门从事代理预订交通票据的独立经营商;旅馆和饭店企业也多以外包形式在店内提供同类的代理服务业务;很多旅行社的门市不但代理预订交通票据，而且可代客预订饭店房间、代办租车等。但是，与外国的一般情况有所不同的是，我国的有关企业和机构在经营上述旅行代理业务时，都是向顾客收取服务费，而不一定能从被代理企业获得佣金。正因如此，各被代理的企业与这些事实上的旅行代理商之间虽然有可能存在某种形式的授权关系，但这种关系不一定构成法律意义上的委托。事实上，双方之间通常都没有正规的合同和重大的经济利益关系。随着我国旅游业各领域中买方市场的形成和散客市场规模的增大，旅游供应企业在对这类单层次销售渠道的使用方面可能会有新的突破和发展。

(二)旅游供应商—旅游批发商—旅游零售商—旅游消费者(在零售商经营现场)

这一渠道模式中涉及两个层次的旅游中间商，所以也称双层次销售渠道。其中作为第一个中间层次的旅游批发商通常为经营团体包价旅游业务的组团旅行社。它们的主要业务是通过大批量地购买航空公司、住宿企业、旅游景点以及地接旅行社等各方的单项产品或服务，并对这些产品或服务进行打包组合，形成包价旅游线路产品或包价度假集合产品，然后通过客源地的旅游零售商向消费者出售。在欧美国家，从事这一业务的组团旅行社分为两类:一类是纯粹意义上的旅游批发商，即不直接面向消费者出售其包价组合产品，而完全通过以旅行代理商为代表的旅游零售商面向大众销售。另一类是旅游经营商。旅游经营商与上述批发商之间唯一的不同之处在于:旅游经营商除了同样会通过委托独立的旅游零售商代售其包价组合产品外，还通过自己设立和经营的零售网点直接面向消费者出售这些产品。由于两者之间的细微差别仅存于此，因此在欧美各国的旅游业内人士中，常将旅游批发商和旅游经营商作为同义语使用。

这一渠道模式的特点主要表现为旅游产品的生产者或供应商将其产品或服务以协议价格批量销售给旅游批发商,后者将这些产品和服务打包成包价组合产品,然后委托客源地的旅游零售商向消费者出售。这种渠道模式同样也是旅游服务企业中较为流行的销售方式之一,尤其为度假地饭店、假日营地、航空包机公司等类型的旅游企业所采用。

(三)旅游供应商—本地旅游批发商—客源地旅游批发商—客源地旅游零售商—旅游消费者(在零售商经营现场)

在面向消费者入境旅游市场开展经营方面,这种多层次渠道模式是我国旅游服务企业中应用较广的传统模式。因为旅游企业本身不具备强大的实力,加之对海外客源地环境不够熟悉及了解,许多旅游企业在拓展海外旅游市场时无法在客源地成立直销网点。因此,以饭店为典型代表的很多旅游服务供应商在面向海外消遣型旅游市场销售产品时,所采用的主要途径就是在价格谈判的基础上以协议价格将产品批量出售给我国的国际旅行社。这些国际旅行社将这些单项产品或服务编排组合为团体包价旅游产品后,通过外联业务的开展与谈判转包给海外客源地的组团旅行社(旅游批发商或旅游经营商)。这些组团旅行社在对这些包价旅游产品进行重新定价后,作为自己的包价产品委托当地旅行代理商及其他零售代理机构向消费者出售。如果客源地的组团旅行社设有自己的零售机构,则除了委托第三方代理销售这些包价产品,自己也扮演旅游零售商的角色。

以上所述只是中外旅游业中较为常见的销售渠道模式。实际上,绝大多数旅游产品生产者所采用的销售渠道都不限于一种模式。特别是那些规模较大的旅游生产企业,往往同时采用多种模式的销售渠道。在这种情况下,如何选择和建立企业的销售渠道结构就成了旅游营销实务中的又一个重要课题。

第二节　旅游目的地营销

一、旅游目的地概述

旅游目的地泛指能够为来访游客提供某些旅游经历或体验的特定地理区域。对于这种意义上的地理区域,研究文献中有多种不同的划定方法。一般来讲,基于对该地旅游业管理工作,特别是制定和实施旅游政策方面的务实性考虑,通常的做法是依据为世人所公认的某种行政管辖范围进行划定,所涉及的行政管辖范围可以是:整个国家,如中国、美国、英国、西班牙等;某一跨国界的旅游合作区域,如欧洲的里维埃拉海滨度假区;一个国家中的某个大区,如加拿大的西部地区;一个国家中的某个省、州、城市等。

二、旅游目的地营销模式

(一)基于目的地形象

由于目的地形象在目的地营销中处于基础且非常重要的地位,可以考虑以目的地形象为核心构建目的地营销框架(图 5-1)。其中的逻辑关系为:第一,目的地营销针对的是典型的消费行为特点,也就是说,目的地在策划营销活动之初要详细地掌握消费者在选择旅游目的地时的考虑因素;第二,目的地营销活动的最终目标是达到消费者的满意,让消费者对目的地留下良好的深刻印象,并且能够起到一定的宣传作用;第三,旅游目的地形象是旅游目的地营销的核心内容,根据旅游者心目中对目的地形象的认知可以分析目的地的市场细分、定位以及竞争的优势和劣势,而旅游目的地的信息传播的主要任务是宣传旅游目的地形象。

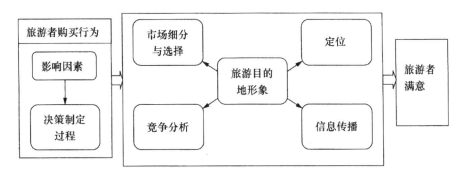

图 5-1　基于目的地形象的旅游目的地营销模式

（二）基于服务特性

随着旅游目的地数量的增加,旅游目的地之间的竞争越来越激烈,最终导致各个目的地的形象越来越模糊与淡化。旅游目的地包括丰富的营销内容,其中最重要的一项是旅游服务,努力打造优质服务能够帮助目的地在消费者心中塑造深刻而良好的印象与体验,最终达到营销的目的。

众所周知,与有形产品比较,服务具有几个明显的特征:无形性(不可感知性);相连性(不可分性);差异性(不一致性);时间性(不可储存性)。故基于服务特性的旅游目的地营销模式如图 5-2所示。

服务的无形性,可以以有形化营销策略充分展现,其传播重点在于服务品牌、服务设施、服务承诺、服务效果和服务人员形象;服务的相连性,可以以体验化策略开展营销推广,组织设计游客可以参与乐于参与的各种活动;服务的差异性,应以规范化策略避免旅游服务质量受到不良影响,服务的标准化和服务人员的培训必不可少;而针对服务的时间性,可以采取延伸化策略,在旅游者旅游过程中的拍照、购买的纪念品等方面做足文章。

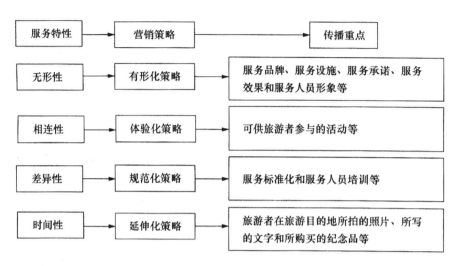

图 5-2　基于服务特性的旅游目的地营销模式

(三)基于竞争性

旅游目的地的营销要取得成功,应该将旅游目的地的旅游组织和旅游企业的营销战略的制定、实施、控制、评价等看成一个完整的、系统的过程来加以管理,以提高这一过程的有效性和效率。竞争优势营销模式中的旅游目的地营销战略的制定,必须以旅游目的地所处的竞争环境为基础,寻找旅游目的地的优势、劣势和潜在的市场机会,确定出旅游目的地在竞争环境中的营销目标。

在制定旅游目的地的形象、旅游产品、旅游市场的营销战略时,应该以提高旅游目的地竞争优势为核心选择低成本战略、差异化战略、集聚战略、联盟与合作战略。在竞争优势的营销战略思想指导下,对旅游目的地的产品策略、价格策略、分销策略、促销策略进行整合,使旅游目的地达到营销目标并使其竞争力得以提高。同时还必须遵循营销动态的原则,经常性地、定期性地对旅游者的满意度、潜在旅游者的了解度进行调查,对旅游目的地竞争对手的反应与旅游目的地竞争环境的变化随时监视和扫描,不断地对旅游目的地内外部环境的变化,机遇与威胁的存在方式和影响程度进行跟踪(图 5-3)。

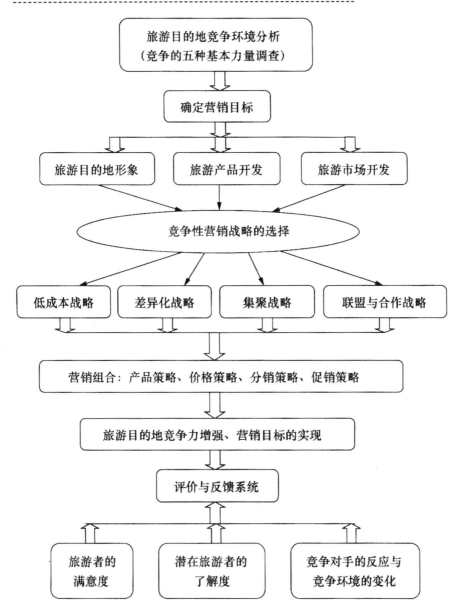

图 5-3　基于竞争性的旅游目的地营销模式

（四）基于战略地图

2008 年,国际目的地营销协会（DMAI）发布了年度研究报告《旅游目的地营销的未来:过渡、传统和变革》,其中归纳了旅游目的地营销的趋势和目标,提出一个战略地图模型（图 5-4）,旨在为产业领袖和利益相关者提供一个战略框架,为旅游目的地营销组织(DMO)提供建议和智力支持。

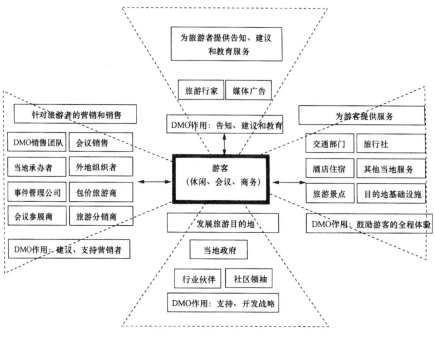

图 5-4　旅游目的地营销战略地图

该战略地图反映出旅游目的地营销直接服务游客的三大职责分别是告知、建议和教育、营销和促销、提供服务,每一职责都以游客为核心,而模型的演进在于第四个方面:发展旅游目的地,使得模型发展更为成熟,从以游客为中心演化为以利益相关者为中心,更加完善和全面。

三、营销绩效的监测、评价与控制

(一)概念内涵

在营销计划编制工作中,旅游目的地营销者不仅需要制定计划执行期内所要实现的营销目标,谋划并确定实现这些目标的战略和战术,而且需要回答"如何才能知道这些目标是否已经实现"

这一问题,也就是说,还需要就如何检查这些目标的落实程度作出安排。在这方面涉及的工作内容便是监测、评价和控制营销计划的执行及落实情况。

1. 监测工作

这里所称的监测是指在旅游目的地营销计划的执行过程中,对该营销计划的执行情况特别是所实现的绩效进行跟踪测量。营销者首先需要将计划实现的营销目标按不同的时间段进行分解,譬如将其分解为不同的周目标、月目标、季度目标等。然后在执行过程中对照这些阶段性目标及时地检查,并与实际取得的业绩进行比较。此举的目的在于及时发现差距和问题。

2. 评价工作

这里所说的评价是指在营销计划执行期结束时,以及在营销计划执行期间的特定阶段,检查和评定总目标或阶段性目标是否得到实现。用于开展这一评价工作的手段就是营销审计。也就是说,旅游目的地营销者可通过营销审计工作的开展去评价相应时期的营销工作绩效。

3. 控制工作

这里所说的控制是指根据上述监测和评价工作中发现的业绩差距和存在的问题,采取必要的战术行动加以弥补或纠正。在采取纠正措施之前,目的地营销者首先需要分析出现差距或未完成目标业绩的原因,譬如,是由于始料未及的竞争者行动,是因为遭遇了异常的天气,还是其他的原因。为了保证控制措施行之有效,营销者需要事先有所准备,也就是说,针对各类可能的情况,营销者应备有应急预案。

对于在这些方面所要开展的各项具体工作,目的地营销者可以图表方式列出各项工作的先后顺序、开展时间以及负责人。一般来讲,市场营销工作的开展涉及四个"M":一是人力(Men)的投入,二是资金(Money)的投入,三是时间(Minutes)的投入,四是测量(Measurement)工作的开展。其中的第四个"M"旨在对前三项资源的使用情况进行跟踪监测,以确保这些资源的使用效率。

(二)基本工作内容

对营销工作的绩效进行监测、评价和控制,最基础、最重要的工作是跟踪监测营销计划的执行情况,尤其是营销绩效的情况。在这方面,旅游目的地营销者需做好以下几项工作。

1. 业绩数据统计和记录

这类统计数据包括游客来访量(人次)、游客消费额、游客停留天数、游客在停留期间的活动格局等。将这些方面的实际数据与计划实现的周目标、月目标或季度目标进行比较,便可发现是否存在差距。

2. 监测游客满意度

这一工作的目的是发现游客满意度的实际情况与计划目标之间的差异,以及变化趋势。开展这方面的工作所使用的方法是连续(定期)调查。

3. 监测游客态度、情感、印象等

通常采用的方法是:结合每一场促销宣传活动的推出开展调查,了解此前和此后重点客源市场对目的地的态度、情感、印象等方面的变化,从而根据调查结果评价该场促销宣传活动的成效。

4. 监测营销工作效率

这一工作的目的是了解这方面情况的变化趋势,以及实际绩效与目标绩效之间是否存在差异。在开展这方面的工作时,通常采用的方法是计算有关工作的投入产出比率,譬如,特定流通渠道所带来的营业收入与维系该渠道的成本之间的比率及其变化

趋势;在某一特定媒体上刊发/播放广告之后,所带来的消费者查询人数与所付广告费之间的比率及其变化趋势;某一特定旅游网站的点击次数与维持该网站所付出的成本之间的比率及其变化趋势;等等。

5.监测工作绩效重点考核指标

常用的指标包括:游客人均广告费、游客人均促销费、各种形式的旅游宣传品所实现的游客转化率等。

在对市场营销的工作绩效进行跟踪监测时,目的地营销者首先需要从自己的工作记录中收集某些基本类别的数据资料,有些类别的数据可能需要开展专项调查去获取(关于专项调查时可选用的工具参见第6章)。在汇总整个目的地旅游业的营销业绩方面,有的旅游目的地营销组织的做法是,通过由该地各旅游企业逐级上报的方式进行统计。但这种做法很容易出错,其中一个重要原因是,出于竞争的考虑,旅游企业有时会认为自己的某些数据资料具有敏感性,因而不愿对外透露。就我国地方层次的旅游目的地而言,有的旅游企业甚至会由于其他的原因故意提供不真实的数据。总之,由于这类原因客观存在且难以避免,旅游目的地营销组织不宜依靠这种方法跟踪监测该地旅游营销的绩效表现,而应当设法开发自己有较大控制力的其他替代方法。

第三节　旅游营销的新媒介

一、虚拟旅游

(一)虚拟旅游概念与特点

所谓虚拟旅游是指以包括虚拟现实在内的多种可视化方式,形成逼真的虚拟现实景区,使旅游者获得有关旅游景点信息、知识和体验的过程。通过互联网和其他载体,虚拟旅游将旅游景观动态地呈现在人们面前,旅游者可以根据自己的意愿来选择游览路线、速度及视点,还可以参与发生的事件,或与其他参与者进行交流。

虚拟旅游包括了多维信息空间,使得人们在其建立的虚拟旅游环境中可以身临其境随心邀游。虚拟旅游具有沉浸性、交互性、超时空性、经济性、高技术性等特点,不受时间、空间、经济条件、环境条件等的限制,可以满足更多客的游览和审美需求。

(1)沉浸性。沉浸性指的是游客能够沉浸到计算机创造出的虚拟环境中,通过图像、声音、文字等多种感知方式,身临其境地体验虚拟旅游活动。

(2)交互性。交互性指人们同计算机之间的沟通手段不断增加,可通过多种传感设备(如立体显示头盔、数据手套、立体眼镜、嗅觉传感器等)与多维的仿真环境进行互动。

(3)超时空性。虚拟旅游能将过去世界、现实世界和未来世界发生的事件和状态同时呈现,不受时空的限制,随时随地提供给访问者丰富的信息。

(4)经济性。信息技术使得访问者足不出户就能享受到虚拟旅游带来的独特体验,避免了交通、住宿等诸多费用,而且不受时间和天气的约束,大大降低了旅行成本。

(5)高技术性。虚拟旅游依托虚拟现实、三维建模、图像处理、仿真渲染、人机交互等现代化高科技手段,具有广泛的应用前景。

由于时间、空间、经济等客观因素的限制,大多数人的旅游需求难以得到充分的满足,基于信息技术的虚拟旅游就成为灵活、便捷的选择。与现实旅游相比,虚拟旅游的优势如表 5-3 所示。

表 5-3　虚拟旅游与现实旅游的比较

对比项目	现实旅游	虚拟旅游
旅游产品	形成的旅游产品较难更改,有些景点、景观难以触及	根据游客需要灵活更改,能够提供进入性差的景点或景观旅游
环境影响	环境破坏较大,可持续性难以控制	环境破坏较小,可持续发展
限制性	受时间、空间限制,成本较高	不易受时空影响,成本低
购物	旅游活动过程中进行,易受欺骗,质量难以保证,有时不便于运输	可通过网络直接购买;可使用第三方支付工具,满意后再付款;通过配送服务送货上门,简单方便
过程	在有限的时间游览多个景点,难免走马观花	可通过互联网随时随地进行,可对感兴趣的景点进行多次访问,深入了解
导游服务	依赖于导游的专业水平	可提供图文并茂、信息量丰富的虚拟导游服务,方便可靠

(二)虚拟旅游技术

1. 图形模拟

类似我们常见的游览示意图,一般是通过二维的图像,结合地形图,把旅游景区旅游点和线路标识出来。虽然这类示意图谈不上什么技术含量,但是因为足够直观,很多旅游网站会专门提供。景区内的导览图也多采用这种形式。

为了增加这种浏览图的趣味性,有些景区还请专业人员制作手绘地图,不仅起到景区内导览的作用,还会成为很有趣的旅游纪念品。

2. 三维建模

三维建模,通俗来讲就是通过三维制作软件构建出具有三维数据的模型。三维建模需要借助专门的软件,首先对建模对象进行手绘,然后通过三维技术进行渲染,通常需要耗费大量的时间和费用。

如今的三维技术已经可以做到以假乱真的水平,但是如果希望建模和现实景观一样,耗费的成本是一般景区难以承受的。因此,现在三维建模经常用在规划设计上,向客户展示设计后的直观形象。但如果一个景区希望用三维建模的方式呈现整个景区的形象,要么做好花大钱的准备,要么做好模型粗糙不堪的准备。

3. 全景图片

全景照片(Panoramic Photo),通常是指符合人的双眼正常有效视角(大约水平 90°,垂直 70°)或包括双眼余光视角(大约水平 180°,垂直 90°)以上,乃至 360°完整场景范围拍摄的照片。

全景照片可以借助专用的播放软件在互联网上展示,用户通过鼠标和键盘控制环视的方向,可以上下左右调整视角,还能拉远拉近。

4. 全景视频

全景视频在静态全景展示的基础上加入了动态元素,采用先进的全景影像采集设备进行全方位(接近 360°)的动态视频影像的拍摄。后期经过专业交互软件的处理,就可以像浏览全景图片一样操作全景视频了。

当前国外对全景视频应用较为广泛,国内对全景视频的应用范围则尚待推广。相比于传统静态全景图片和三维虚拟漫游,全景视频能够制作出全视角、超感官的实景动态漫游系统。

全景视频还创新地加入了时间轴交互方式,在线性播放的过程中插入非线性交互的多媒体元素,创造了全新的交互体验模式。

5. AR 技术

AR(Augmented Reality)技术也称为增强现实技术,是利用计算机生成一种逼真的视、听、力、触和动等感觉的虚拟环境,通过各种传感设备使用户"沉浸"到该环境中,实现用户和环境直接进行自然交互。

AR 技术是一种全新的人机交互技术,利用这样一种技术,可以模拟真实的现场景观,它是以交互性和构想为基本特征的计算机高级人机界面。

例如,游客看到一个古建筑,只要通过相关手机应用对着这个建筑拍一张照,就可以获取这个建筑的相关介绍,甚至还可以通过应用看到这个建筑和周边环境在几十年前是什么样子,把游客带入时光隧道。再如,当消费者来到一个全新的目的地,在用餐之前可以打开手机中的应用,利用手机搜寻附近的优质餐馆,在手机应用中消费者可以看到餐馆的视频照片、详细地址、联系方式、网友评价等。最终通过对各种信息进行综合考虑,选定自己想去的餐馆。

(三)虚拟现实体验在旅游营销中的应用

1. 360°三维全景漫游体验

全景虚拟现实是通过 360°相机环拍一组或者多组真实的场景图片,拼接成一个全景图像,利用计算机技术实现全方位观赏真实场景的技术。通过这种技术可以对场景中游览路线、角度和游览速度进行自由调控,这样游客可以根据自己的兴趣选择景点浏览方式。这种方式一方面增加了游客的自由度,另一方面又提升了游客的参与感与体验效果,在游览过程中提升了游客的满意度。这种游览方式不受时间、空间及天气的影响,可以满足不同消费者的游览需求。

(1)悉尼游客体验中心

悉尼游客体验中心通过融合最新的体感互动、沉浸体验、虚拟现实、社会化营销等新鲜元素,设计了"熊猫跑长城""飞跃张家界""空中遥控看中国""隔空学写毛笔字""裸眼 3D 看景点""360°

全景中国""熊猫妙拍拍"七大板块,利用最新的体感遥控,达到了让海外游客立体感知中国及中国旅游的目的。

(2)虚拟现实360°全景邮轮

精钻邮轮公司(Azamara Club Cruises)成立于2007年。在国外豪华旅游网站 Virtuoso 的旅游周上,发布了新的APP,可提供一系列360°虚拟现实体验。让用户沉浸在乘坐精钻旅程号(Azamara Journey)的虚拟轮船旅行中,体验到南美洲及中美洲停泊港的短途航行。从体验精钻旅程号的船上设施,到抵达哥斯达黎加玩滑索道,或到卡塔赫、哥伦比亚体验午夜马车之旅,精钻邮轮的这款 APP 能帮助用户直观了解航行所提供的服务。

用户只需从 APP Store 中下载,即可从四个视频选项中选取一个想看的进行播放,通过选择屏幕下方菜单栏中的手形图标,便能通过手指在屏幕上进行拖动,将视频上下移动或360°旋转;通过选择屏幕下方的 VR 选项,用户可使用带有 Google Cardboard 耳机的设备,进行虚拟现实体验。

(3)湖南景区虚拟旅游体验项目

2016年3月5日,虚拟现实旅游体验项目在湖南平江石牛寨景区成功开展。游客只需戴上一副虚拟现实眼镜,就能感觉到置身于平江石牛寨之中,可以根据自己的兴趣随意展开浏览路线。在浏览过程中,游客既能在空中飞行观赏全景,也可瞬间从一个地点穿越到另一个地点。无论是惊险刺激的玻璃桥,还是宏伟大气的百里丹霞,甚至是一些难以捕捉到的不寻常美景,都可以体验到。

2. 仿真4D虚拟现实旅游体验

万豪酒店于2014年推出的"瞬间传送器"4D虚拟现实旅游体验项目,只需参与者利用手中的智能手机,戴上一副虚拟现实眼镜,就可以畅游全球各地。并根据所需,定制旅游体验。比如说,与你同行的人如有行动不便者,可以找无台阶路线游完整个小镇,甚至与你所到的地方环境元素进行互动。

二、基于大数据的旅游营销

(一)用户画像

所谓用户画像,就是对用户的信息进行标签化。一方面,标签化是对用户信息进行结构化,方便计算机的识别和处理;另一方面,标签本身也具有准确性和非二义性,也有利于人工的整理、分析和统计。

1. 基于百度大数据的旅游营销

(1)百度大数据＋

百度大数据＋,基于百度的海量用户数据,同时与行业垂直数据深度结合,挖掘百度用户千万级标签数据,帮助行业客户对用户进行空间和时间 360°的直体洞察;提供预测、推荐等深度模型,发挥百度大脑和深度学习的优势,帮助行业客户,实现行业趋势的深入洞察、客群的精准触达、分群精细定价和风险防控等;与O2O、零售、旅游、房地产、保险、金融等行业均有合作。

(2)百度大数据用户画像

基于海量互联网数据,依托百度强大的大数据分析处理能力,以丰富的标签维度和强大的在线服务能力,能够帮助企业更加深入地了解消费者的需求,洞察用户的兴趣爱好和需求,实现内容的个性化推荐,提升服务效果。百度大数据用户画像有生活日常、工作学习、兴趣爱好和消费倾向四个标签类别,24 个垂直领域,近 300 个兴趣标签,多维度描绘人群的兴趣爱好、使用习惯和需求。

2. 基于微博数据的旅游营销

(1)用户属性与用户兴趣

用户属性指相对静态和稳定的人口属性,例如,性别、年龄区间、地域等,这些信息的收集和建立主要依靠产品本身的引导、调查、第三方提供等。

用户兴趣则具有更加动态和易变化的特征,首先兴趣受到人群、环境、热点事件、行业等方面的影响,一旦这些因素发生变化,用户的兴趣容易产生迁移;其次,用户的行为(特指在互联网上的行为)多样且碎片化,不同行为反映出来的兴趣差异较大。

(2)旅游用户画像与营销

旅游用户是微博上规模最大的兴趣人群。据文化旅游部最新数据显示,全国旅游总收入连续三年同比增长超过10%,2017年GDP综合贡献率超过11%。相关统计数据显示,近年来,全国景区和酒店热度持续增长,好评率和满意度变化趋势较为平稳。来自新浪微博2018年上半年的数据显示,旅游投诉类博文阅读数量超过13亿,而5.2%的头部用户贡献了81.8%的阅读量及80.5的互动量,普通用户的投诉诉求较难产生影响力。

(3)旅游大数据的充分利用

不管从数据量还是数据维度而言,社交网络所蕴含的数据资源都是最丰富的。作为一座数据资源矿,在平台发展到顶峰后必须在数据处理方面下功夫,释放其潜在的数据资源,有效地通过数据组合与用户相关的消费场景,这是每一个社交网络的必行之路。

3. 基于电信数据的旅游营销

(1)大数据在电信行业应用的总体情况

目前电信运营商运用大数据主要有五个方面(图5-5):①网络管理和优化,包括基础设施建设优化、网络运营管理和优化;②市场与精准营销,包括客户画像、关系链研究、精准营销、实时营销和个性化推荐;③客户关系管理,包括客服中心优化和客户关怀与生命周期管理;④企业运营管理,包括业务运营监控、经营分析和市场监测;⑤数据商业化,包括营销洞察和精准广告、大数据监测和决策。

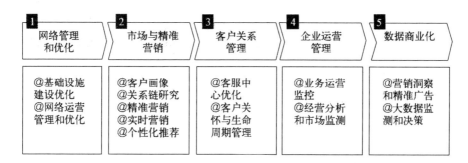

图 5-5　电信运营商大数据应用

（2）客户画像

运营商可以基于客户终端信息、位置信息、通话行为、手机上网行为轨迹等丰富的数据，为每个客户打上人口统计学特征、消费行为、上网行为和兴趣爱好标签，并借助数据挖掘技术（如分类、聚类等）进行客户分群，完善客户的 360°画像，帮助运营商深入了解客户行为偏好和需求特征。

（二）LBS 商业模式

LBS 即"基于位置的服务"，指通过移动通信网络，采用 GPS、基站等相关定位技术，结合 GIS 地理信息系统，通过手机终端确定移动终端用户的实际位置，以短信、彩信、语音、网页以及客户端软件等方式为用户提供的地理位置服务。

1.LBS 的功能与应用

完成基于位置的服务需要两个过程：一是定位过程，即获取用户手机当前所在位置的经纬度和高度，通常这些信息不直接提供给顾客；二是定位服务过程，即利用定位操作获得信息完成一些面向用户的业务。目前基于位置的服务在旅游业中的应用主要有以下几个方面。

（1）旅游者自己手动的信息检索服务。旅游者的手动检索主要有地图查询、公交路线搜索、最优化路径、乘车时间预计、饭店餐馆信息等。如果你想搜索附近旅游景点,打开大众点评等 APP 的网页,它会自动定位你所在的位置,显示周围的旅游景点,比传统的检索服务更省时省力。

(2)旅游企业向旅游者手机终端发送的信息服务。随着智能手机的普及,越来越多的商家在手机广告上起了心思。各种各样的短信不断地发送到每一个手机用户端,但是这样的效果并不见得很好,许多信息反而引起了消费者的反感,主要原因就是消费者在没有消费的想法之下收到了这样的短信。但是基于位置的服务可以改变消费者的这一感受。比如当旅游者从一个地方到达另一个地方时,旅游部门向其发送欢迎短信,并附带该地区的特色文化、旅游景点、便捷的交通饭店信息等,自然会获得旅游者的好感,从而促使其作出消费决策。

(3)旅游过程中的应急处理。旅行社组团业务中,一个导游要照看多位游客,同时还要向游客讲解景点景区的内容,稍有疏忽,就会发生人员走失的情况,给导游的工作带来了极大的麻烦,也会耽误全团人员的旅程。一旦发生这样的情况,基于位置的服务中有一个功能可以帮助导游解决问题。Friend Finder 是一个"找朋友"的定位服务,只要朋友同意,它能使用户通过手机迅速而轻松地熟悉朋友所在的位置,无论是在附近还是在全球范围内。

同时旅游者在外出旅游中如发生旅游紧急事件,而自己又对周围情况不熟悉,不知道是什么地方,通过拨打"110",接线员就会根据其无线网络定位准确获知旅游者的位置,并施以援助。这就是基于位置服务中的 Safety First(安全第一)服务。借助手持终端的互联网地图服务,发展基于 LBS 的景区导游图主要包括以下内容(图 5-6)。

2. 基于 LBS 的旅游服务

(1)基于 LBS 的旅游社交

为了充分吸引社交媒体(SNS)庞大的用户群体使用 LBS 功

能,许多 LBS 网站开始与 SNS 实现信息同步分享。例如,切客网与国内的新浪微博、腾讯微博、人人网以及国外的 Facebook、Foursquare 等社区都建立了同步分享的链接,可以实现两个平台间的实时信息同步。企业可以将自己的信息发布在平台上,当有用户在地图上搜索相关的旅游目的地、住宿、交通等信息的时候,系统可以将企业的信息推送给用户,这样让企业的信息能够被更多的用户浏览,增加双方建立联系的机会,辅助创造商业机会。

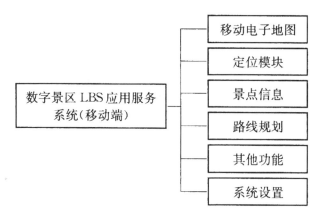

图 5-6　景区 LBS 应用系统功能框架

（2）位置签到

位置签到服务是在位置服务的基础上引入用户主动签到机制,围绕签到信息提供勋章、头衔等虚拟用户激励,整合本地生活信息、社交服务、游戏元素及场景化服务,在此基础上聚合用户、开发者及广告主的产业链生态系统。它具有如下特征:①引入基于位置服务的用户签到机制,实现真实地理信息与用户主动行为的绑定;②提供用户签到后的整合型服务,扩展位置服务外延及用户交互;③以垂直签到企业为主体,严格围绕签到行为开展业务。

（3）好友互动

社交网络与 LBS 的交互,强化了基于 LBS 的好友互动功能,例如微信、微博等。微信支持向微信朋友发送你当前的地理位置,方便朋友找到你。微信还会根据用户的地理位置找到附近同样开启这项功能的人,使用户轻松找到身边正在使用微信的人们,也可以通过"摇一摇"功能找到与你一起使用这个功能的朋友。新浪微博推出的地理定位产品——"微博这里",在用手机发微博的时候会将自己手机的 GPS 打开,自动定位所在位置。

3. 基于 LBS 的精准营销

精准营销的内涵就是企业需要更精准、可衡量和高投资回报的营销沟通,需要更注重结果和行动的营销传播计划。移动业务"人手一机"的特点成为提高营销准确性的先天优势。作为新的媒体形式,手机等移动智能终端是大众传播和人际传播的融合,真正实现了多渠道传播,是传播方式根本性、创造性的变革,每个人都可能是信息发布者,也可能是信息的接收者。在传播系统内的个体既是受众又可以成为传播者,彰显其独特性。移动智能终端多元化的无线增值服务特征、互动性高、独有的便携等特点,可以实现在用户间传递和编辑文本、图像、声音、游戏以及视频等个性化的服务。正是这种信息载体功能,可以将特定信息以惊人的速度在有效范围内进行有效传播。

(三)口碑营销新方向

口碑营销又称病毒式营销,其核心内容就是能"感染"目标受众的"病毒体"——事件。口碑源于传播学,由于被市场营销广泛应用,所以有了口碑营销。传统的口碑营销是指企业通过朋友、亲戚的相互交流将自己的产品或者品牌传播开来。

根据市场调研公司 Lab42 的调查,在旅程结束后,46％的用户会发布一些酒店点评,40％的用户会发布活动的点评,40％的用户会发布餐厅的点评,76％的用户会上传照片到社交网络上去。用户的在线评论和推荐为旅游者及商务人士带来经验分享,正不断提升旅游者对旅游购买决策的影响力。

由于社交网络的迅速流行与普及,很多国家、地区的企业都看到这一网络新生工具所蕴含的巨大潜力,并把游客用户体验的直观表达——游客评论,作为口碑营销的新方向。

三、社会化媒体营销

社会化媒体是指允许人们撰写、分享、评价、讨论、相互沟通的网站和技术。社会化媒体营销通过社会化媒体平台、意见领袖、在线社区等来开展市场营销活动、公共关系、客户服务,是基于社会媒体平台进行的营销推广活动。常见的社会化媒体营销工具有微博、Facebook、YouTube 等。

(一)基于社交媒体的旅游营销创新

社交媒体给予消费者越来越大的话语权和主导权,随着互联网对旅游者信息获取和旅游决策介入程度的加深以及旅游者需求的个性化,旅游的营销活动也随之变革,以便更好地掌握消费者需求并满足消费者需要。社交媒体时代,旅游营销可采取的策略有以下几种:挖掘用户需求,实施精准营销;社交媒体监测,互动式的客户管理;网络新触点,催生旅游营销新模式。

(二)社会化媒体的旅游营销实例——微博营销

微博,即微博客(MicroBlog)的简称,是一种通过关注机制分享简短实时信息的广播式的社交网络平台,是一个基于用户关系的信息分享、传播以及获取平台,用户可以通过 PC 端或者移动客户端登录主页,以 140 字左右的文字更新信息并实现即时分享。

1. 旅游微博的基本功能

发布。旅游局用户发布一条当地的旅游信息后,他所有的关注者都能即时收到,可用于主动发布相关信息。

转发。旅游局用户可以一键转发别人微博里的有关当地旅游的信息和美图,分享给自己所有的粉丝,实现多级放大传播;并可以基于转发机制,建立对省内旅游微博信息的多级传播,提升整体传播效果。

评论。旅游局用户可以在他看见的每一条微博下面做评论,与其他网友实现互动,也可以对网友的评论进行回复,建立和网友的沟通互动机制。

分享。旅游局用户可一键分享当地照片、宣传资料、视频宣传片等到微博,微博支持直接观看视频。通过优质旅游宣传资料的发布,引发微博用户的关注和后续传播。

监测。可以通过查找旅游局相关关键词,了解广大微博用户发布的相关信息;遇到有利信息进行转发,遇到负面信息做及时的跟进。

可以说,旅游局官方微博是旅游主管部门政务信息快速、便捷的发布渠道;旅游目的地重要的宣传阵地,是旅游资源展示和旅游网络营销的平台;是旅游主管部门创新与游客的沟通方式,更好地服务广大游客的平台;是拉近政府与市场的距离,深入了解游客需求,推动旅游品牌建设和旅游产品创新的平台。

2. 旅游微博的推广方式

作为新型的媒体传播平台,旅游主管部门通过官方微博运营,积累微博粉丝,并借助转发和评论机制,进行多层次的推广和营销。旅游官方微博推广可以通过以下方式开展。

借助微博平台自身进行推广。充分利用微博媒体特征,借助微博的转发、评论体系进行推广;了解微博用户心理,通过制造微博热点话题吸引关注;适当利用微博平台的广告资源和合作资源。

策划组织微博推广活动。组织本地旅游景区、旅行社、酒店等企业开展优惠活动,开展优秀旅游图片、游记征集及奖励活动,以及和线下活动的配合活动。以上活动可以结合免费赠送、抽奖等方式开展。

通过合作媒体和当地媒体进行推广。发动当地主流媒体发布政府微博开通的相关信息,号召当地微博网友一起关注和参与。充分利用区域媒体,发布微博内的信息,进行二次传播,形成区域性的影响力;通过区域媒体及同城微博的带动,使官方微博账号影响力逐渐扩大。

通过旅游局营销渠道和活动进行推广。通过旅游局自身各种渠道、宣传资料等推广旅游局微博。通过与线上、线下各种活动相结合,提升官方微博的人气和影响力。

3. 旅游微博的运营策略

重视内容和创意。旅游微博运营中,内容和创意依然至关重要。随着微博营销的深入,曾经只看重粉丝数转发量,甚至付费购买虚假粉丝和虚假转发的行为将不再流行。微博平台将越来越规范,微博用户也更为成熟,官方微博真正能吸引其他用户的必然是其内容和创意。

数据驱动运营。旅游行业必须充分意识到,微博的迅猛发展带来海量的消费者数据,这些数据不仅包含了消费者的性别、年龄、城市等社会属性,更为重要的是,消费者的兴趣图谱和社交图谱隐藏其中。他喜欢什么类型的景点,曾经去过哪些省市旅游,一般住什么价位的酒店,受谁的影响,又影响了谁。这些营销者梦寐以求的消费者信息正在以非结构化、碎片化的形态散落在微博的各个角落。从微博的海量数据中挖掘出的信息,将为内容的创造及传播指明方向。从这个意义上来讲,数据驱动的微博运营将成为必然。

各部门全面融入。旅游官方微博的运营将不仅仅是目的地旅游主管部门市场处或旅游信息中心的事情,各个部门和区域内的旅游企业都将广泛地参与其中。

旅游官方微博的运营管理,同时对目的地旅游主管部门的快速反应,各个部门的配合,社会化媒体管理沟通人才、社会化数据分析人才的培养,提出了更高的要求。只有真正"懂得、理解、洞察互联网发展趋势"的旅游目的地才能获取持续竞争的优势。

平台化与核心化。从门户网站到搜索引擎再到社交门户,消费者的互联网入口经历了演变的过程。微博以其显著的"媒体属性"与日渐彰显的"社交属性",占领网民大量的碎片化时间,逐渐与其他社会化媒体共同成为网民新的互联网入口。由于微博的入口效应和节点效应,官方微博有可能超过官方网站,成为对公众和消费者沟通的第一门户。

旅游官方微博管理,是旅游目的地开展社会化媒体沟通的很重要的渠道;从实际情况来看,也是第一个得到众多旅游主管部门高度重视的社会化媒体。但旅游主管部门开设官方微博的背后应该有整体社会化媒体战略作为支撑,而不是仅仅依靠微博的单打独斗。

第六章　新时期旅游企业的战略选择

美国未来学家托夫勒说:"没有战略的企业,就像是在险恶的气候中飞行的飞机,始终在气流中颠簸,在暴雨中穿行,最后很可能迷失方向。即使飞机不坠毁,也不无耗尽燃料之虞。如果对于将来没有一个长期明确的方向,对本企业的未来形式没有一个实在的指导方针,不管企业的规模多大,地位多稳定,都将在新的革命性的技术和经济的大变革中失去其生存条件。"

第一节　旅游企业战略目标的制定

一、企业战略概述

(一)战略管理的内涵及边界

不同历史时期的企业管理学家对于战略管理的理解有所不同,分析的角度多样,下面介绍几位战略管理专家对于战略管理内涵的理解。

1. 安索夫的定义

美国著名战略学家安索夫在《企业战略论》中把战略定义为:企业为了适应外部环境,对目前与将来要从事的经营活动所进行的战略决策。他在书中指出,企业在制定战略时,有必要先确定自己的经营性质。企业无论怎样确定自己的经营性质,目前的产品和市场与未来的产品和市场之间存在着一种内在的联系,安索夫称这种现象为"共同的经营主线"。通过分析企业的"共同的经营主线"可把握企业未来的发展方向,同时企业也可以正确地运用这条主线,恰当地指导自己的内部管理。企业如果将自己的经营性质定义得过宽,则会推动"共同的经营主线",导致无法制定合适的战略。

2. 钱德勒的定义

钱德勒在《战略与结构》一书中指出,企业战略是企业的长远性经营策略。钱德勒认为,企业经营战略是决定企业的基本长期目标和目的,选择企业达到这些目的所遵循的途径,并为实现这些目标与方针将企业重要资源进行分配。

3. 安德鲁斯的定义

美国哈佛大学商学院教授安德鲁斯认为,战略是目标、意图或目的,以及为达到这些目的而制定的主要方针和计划的一种模式。这种模式界定企业正在从事的或者应该从事的经营业务,以及界定企业所属的或应该属于的经营类型。这个观点主要包括三个方面,首先,在制定战略的过程中要分析企业的优势劣势、机会威胁,因为这将涉及企业的竞争环境和企业发展的外部极限;其次,高层的经理人员应是战略制定的设计师,并且,他们还必须督导战略的实施;最后,战略构造的模式应是简单而又非正式的,而且最好的战略应该具有创造性和灵活性。

4. 明茨伯格的定义

战略管理学家明茨伯格将战略总结为计划、计策、模式、定位和观念五个要素,这就是著名的战略 5P 理论。

战略是一种计划。是一种有意识、有预测、有组织的行动过程,是解决一个企业如何从现在的状态达到将来位置的问题。组织利用这种计划来处理组织内部面临的问题和形势。例如,某企业要进行员工薪酬制度的改革,就要拿出一份计划书,阐明改革的原因、途径和改革所要达到的目标。

战略是一种计策。计策与计划不同,计划只是一种愿望,而计策则是实现愿望的方法。计策相对比较具体,是企业应对不同环境带来的压力做出的一种战术性的反应。例如,肯德基跟随麦当劳就是一种计策,百胜集团想发展新品牌东方既白,没有商铺的时候,通过将原有的肯德基餐厅一分为二,将其中一半的场地留给东方既白,也是一种计策。

(二)战略管理的要素

钱德勒将战略定义为:"战略是一种确定地设定企业长期目标(Goals)和短期目标(Objectives),制订达到这些目标所需要的主要行动计划,并部署必要资源的一种方法。"由此可见,在他认为,战略主要由明确的目标、行动计划和资源支持三个部分组成。

1. 明确的目标

制定目标是企业战略管理的第一步,也是企业实施战略的指导方向。因此,在确定目标的时候就要考虑企业的资源和能力,制定合适于企业的目标。为了更好地达到目标。企业必须将目标明确化,这样才能让下属和员工知道,企业要做什么,进而确定如何来做。

目标又可以分为长期目标和短期目标。长期目标主要是关注企业的长远发展,短期目标则是企业现阶段要完成的任务。一个长期目标可能由多个短期目标组成,每一个短期目标的实现关系到长期目标的完成。

2. 行动计划

制定了目标,接下来就是实施,实施的过程一定要有行动计划来支持。例如,企业想扩大市场份额,就必须通过营销的手段推销自己的产品,提高营业额,并且不断地扩大自己的目标客户群体。

3. 资源支持

不论是制定目标还是行动计划,都必须以企业的资源为前提,只有企业资源可以支持的目标,才是合适的目标,只有企业资源可以支持的计划,才是可行的计划。资源是战略管理中必不可少的因素。企业在战略管理过程中一定要重点考虑自己的资源和能力,分析自己的资源和实力,制订力所能及的方案才能有利于企业的发展。

二、旅游企业战略概述

(一)旅游企业战略定义

由于研究视角不同,关于旅游企业战略管理的定义也不尽相同。

(1)旅游企业战略管理是在充满变化与竞争的环境中,旅游企业为谋求长期生存与发展而实施的既定的长期经营目标,选择实现目标的途径和取得竞争优势的方针对策所进行的谋划。

(2)旅游企业战略管理,是指旅游企业通过对现有环境和企业内部实力的分析,制订出适合企业使命、符合企业长期发展目标的前瞻性计划并进行有效实施。

(3)在市场经济条件下,旅游企业为谋求长期生存和发展,在外部环境和内部条件分析研究的基础上,以正确的指导思想,对企业主要目标、经营方向、重大经营方针、策略和实施步骤作出长远的、系统的和全局的谋划。

(4)旅游企业战略管理是指对其经营战略的分析、选择、实施与评价过程所进行的管理。

(5)旅游企业战略管理则是对企业战略的一种"管理",具体地说就是对企业的"谋划或方案"的制定、实施与控制。

综合以上观点,旅游企业战略管理可定义为:企业为谋求自身在竞争激烈的市场经济环境中长期生存和发展而对企业经营管理进行长远性、全局性谋划和决策,并最终实现企业目标的一个动态过程。战略管理是对企业战略的一种"管理",它是一个全面的、复杂的管理过程和一门综合性、多功能决策的管理科学。

旅游企业战略管理与其他企业战略管理相比既有共性又有差异。一方面,旅游企业战略管理需要遵循一般企业战略管理的基本原理,其战略计划实施的基础同样包括分析经营环境、确定战略方向和组织目标、制订可实施的行动计划。但另一方面,旅游服务产品的特性和旅游业的行业特征,决定着旅游企业战略管理与其他类型企业之间具有差异性,表现在不论企业的运营模式还是管理者的思维方式都受到旅游市场结构、市场行为及其绩效的影响,具有自身的特点。

(二)旅游企业战略管理的基本要素

(1)战略目标。旅游企业战略目标是指旅游企业根据企业愿景和企业使命延伸展开确定的企业的具体期望,是企业的努力方向。在战略制定中,战略目标至关重要。一般而言,如果方向错误,一切努力都是枉然。因此,只有确定了正确的战略目标,才能使全体员工对未来发展达成一致性认识,才能在目标顾客的头脑中占据一个特定的位置。确定战略目标需要将一般企业战略思想与旅游企业的特点相结合,明确旅游企业战略的要素、条件、步骤及策略,使目标既具有挑战性,又具有可实现性,真正成为成功的第一步,为企业带来较大的竞争优势。

(2)战略手段。确定战略目标之后,还需要明确的战略手段来保证目标的实施,否则目标只能是空中楼阁。战略手段涉及旅游企业战略全过程,既要考虑战略设计的方式,也要考虑优化战略实施、战略控制的方式。战略措施是指为贯彻战略思想,实现战略目标,完成战略重点而采取的重要对策,即旅游企业为实现使命目标而采取的重要措施和重要手段,它具有阶段性、具体性、针对性、灵活性等特征。战略措施是实现战略目标、突出战略重点与兼顾战略全局的重要保证,但由于外部环境的不确定性,战略措施应保持机动灵活,以适应变化了的新环境。

(3)资源条件。资源,尤其是战略性资源,是旅游企业战略实施的保障。在不同的业务范围和职能领域如何进行分配是战略实施的一个关键问题。战略资源是持续优势的来源,具有价值性、稀缺性、不完全模仿性和不可替代性等特征。战略的成功在很大程度上必须依托自己的资源禀赋,因此旅游企业必须不断积累与优化配置自身的资源。在任何组织内,一流人才是最稀缺的战略资源。因此,旅游企业必须把人才当作资产看待,用发展的眼光来确定如何分配人力资源,并详细评估人才的使用结果。培养、引进与配置具有预见性、洞察力与系统性思考的人才资源,是打造旅游企业核心竞争力的必然选择。

(三)新世纪旅游企业战略管理面临的挑战

1. 全球化趋势

全球化是指经济创新在全球的传播及相应的政治和文化传播。全球化大大带动了国际合作。市场经济的全球化在为旅游企业带来一种切实的经济利益的同时,也带来了不少挑战。

首先,全球市场经济的发展,使得旅游企业在获得投资资本方面的竞争更加激烈。例如,香港希尔顿酒店在花费了几百万美元进行酒店的更新改造后不久就转向商业不动产,这表明了投资领域竞争白热化的现象。在高增长的经济环境下,资本会更频繁地从增长缓慢的领域中撤出,流向那些能带来更高回报的投资领域。

例如,在整个20世纪70年代,美国资金雄厚的投资者们采取各种措施收购了当时正处于增长阶段的旅游企业,并以此来满足股东对更多增长和更高回报的需求。但是,这些过去资金雄厚的企业现在正在剥离这些他们曾经引以为豪的收购物。原因固然有很多,但最主要的还是资本的回报率。投资者们普遍认为,旅游业这一成熟的市场,资本的回报率太低。因此,如何吸引资本来支持行业的发展,这将是旅游企业面临的一个重大挑战,也将给旅游企业战略管理的实践带来很大的压力。

其次,全球竞争使很多领域提高了要求,如产品或服务的质量,这些标准不是静态的。为了迎接这种标准不断提升的挑战,企业必须提高竞争力,而员工则必须锐意进取。因此,在竞争格局下,只有那些达到或超过全球标准的企业才会获得竞争优势。

最后,在全球化的背景下,很多旅游企业已经全面进入国际市场。出现的局面是国际投资来自不同地区,也投向了不同地区。然而这些投资也有风险。最近的研究表明,当企业开始进军国际市场时,假如进入过多不同的地区,就会遇到更多的问题。因此,即便是对经验丰富的公司来说,要进入国际市场,也必须进行周密的计划,精心挑选适当的市场,并在这些市场采取最有效的战略来开展成功的运营活动。

开发全球市场对有些企业来说是最有吸引力的战略手段,但并非唯一的竞争优势。事实上,对大多数企业来说,即使是那些有能力参与全球竞争的企业,最关键的也还是立足于当地市场。在竞争的环境中,企业应达到最理想的全球化的状态,也就是最恰当的国内市场和国际市场的平衡。

2. 旅游者对安全和保障的需求

相比过去,如今动荡不安的社会环境使旅游者更多地承担着人身安全和健康方面的潜在风险。在宏观层面上,产生这些疑虑的最主要的原因是世界范围内越来越猖狂的恐怖主义对旅游的影响。恐怖主义从本性上来说是暴力的无目标袭击,这些恐怖活动在短期内会大量减少所波及地区的旅游活动。

跨国组织和政府一直在想方设法解决这个问题,但饭店与旅游服务的提供者们还是必须经常调查情况以保护顾客。对于那些位于事故多发且反复无常的地区的饭店，保障客人的安全成为关键问题，它使管理者在创造一个"安全的天堂"方面肩负更多的责任。

随着人口增多、人口老化、基础设施落后、资金日益缺乏等问题的日渐突出，政府用来抵制恐怖主义的资金越来越有限，旅游企业也不得不自己追加这一方面的投资来提供顾客期望得到的安全和保障。

由于政府的稳定性决定着它能否确保国内和平并给国家提供保护，因此稳定永远是一个不容忽视的重要问题。除了社会问题外，政治不稳定也会导致旅游者及旅游收入的流失。无论这种不稳定是由革命、统治权问题还是由经济混乱引起的，商务旅游者和休闲旅游者的利益都应该得到全面保障。由于饭店经营者无法解决宏观问题，因此在做出或放弃投资决策前都应该考虑政治稳定性问题。

宏观问题最终会影响到个人。虽然恐怖主义和健康问题是国际性的宏观问题，但是却也极大地影响了商务旅游者和休闲旅游者的旅行决策，因为人们是从个人的角度来看待这些问题的。完善的饭店和客房保障措施，对"绿色客房"的日渐偏爱，饭店、飞机或餐馆的空气质量，以及对生产食品和与客人接触的员工健康的关注，都给旅游企业的管理者提出了越来越大的挑战，他们必须设法消除顾客的疑虑，让顾客相信自己的安全没有问题。

微观方面还涉及旅游企业资产的管理和保护。管理者必须确保设施的完整，不受政治不稳定带来的潜在风险的影响。获得必要的经营亏损保险和投资损失保护，已成为整个旅游企业投资者和管理者们要做的重要战略决策。

3. 技术创新

在过去的 20 年间，技术进步和技术应用的速度大大加快。对于 21 世纪建立起来的旅游企业来说，技术正发展成为最重要的竞争优势。随着"信息高速公路"对行业生产力控制的影响日渐加深,管理者必须学会利用这种新的手段更好地营销产品和服务。技术将逐步渗入到顾客服务、信息管理和饭店设计中,并在已有的产品和服务基础上开发出新品种。很多跨国公司都在技术竞争上投入巨资,并且这种状况还将继续下去。由于投资者们期望以有限的资本获得较高的回报,因而企业若要调整自身以适应更高的人力成本(在劳动力密集型产业)和资本成本,就必须学会熟练运用技术。

技术管理信息系统和决策支持系统——资产管理、收益管理、数据库营销和管理会计系统的出现改善了管理控制及其效果和效率。对专家系统(人工智能的一种基本形式)的广泛运用有助于企业减少对人力和管理的依赖。例如,以前通常记录在过时的手册中的标准操作程序,现在运用专家系统技术可以一天24小时在线获得,这样就不需要企业员工时刻处理技术问题。通过适当的定价使每个客房收入最大化的收益管理系统便是在规模缩减的企业中有助于管理者做出重要决策的例证。

技术在支持顾客服务方面运用得越来越多,使用专家系统技术的电子接待员,通过在客房里和饭店的公共区域甚至用网络提供信息来帮助或取代人工接待员。其他技术支持的顾客服务如登记入住和结账离店、客房和走廊的安全保卫、房内环境控制、与外界的通信等也正在开发并将成为主要的竞争武器,从而促使日益个性化的客人能更好地控制他们自己的旅行环境。

技术正成为日益流行的"整洁的客房"中一个必不可少的成分——在这里顾客的每一个需求都能得到满足,由系统控制着室温、空气纯净度和音量,与电脑相连接的传感器控制着这些功能,以最小的成本为客人提供最舒适的环境。越来越多的商务客人要求有连接顾客与外界的通信端口,他们需要经常与公司保持联系。能提供这些条件并能使饭店设计符合商务顾客的需要,毫无疑问会获得更大的竞争优势。

可以预见,伴随着劳动力的短缺和成本的提高,有代表性的饭店组织会将技术融入经营的各个领域,在新企业结构中工作的员工将拥有更多的技术知识,并知道如何使顾客满意度最大化。这个要求将导致更高的每单位劳动力成本出现。

技术将促使今天的人们对旅行体验产生新的理解。对于那些受工作和生活方式影响不可能在遥远的外地长时间逗留的人来说,"虚拟现实"可能会取代他们出国旅游的需求。同样,远程通信技术的发展偶尔也会取代商务旅行的需求。电视会议发展得如此迅速以至于很可能会瓦解长途旅行去洽谈商务的需求。很难预料这些技术上的进步还将带来什么影响,但它们的意义是深远的,旅游企业管理者必须将它们与战略决策过程整合在一起。

通过环境控制和顾客保护工作,技术在提供安全健康的环境中扮演着越来越重要的角色,而监控环境变量的技术进步和用细菌来破坏环境中有害因素的生物技术的进步,也使得水质和废物处理程序更加完善。能充分利用这些发明的旅游企业,也会在那些关注安全的顾客方面获得竞争优势。

随着发达国家由工业时代过渡到信息时代,技术将继续改变人们的生活方式。在信息时代,无论人们旅行到哪里都能发现新的生活方式。在当今快速变化的情况下,企业不能坐失良机。今天,它们不仅必须对所瞄准的机会进行投资,而且要投资于能帮助企业监控变化并能对顾客期待的变化施加影响的系统。

4. 知识经济

知识经济和转型经济的发展也同样改变着全球竞争格局,并大大增加了全球市场的竞争性。知识(信息、智能、经验等)是技术及其应用的基础。在 21 世纪的竞争格局下,知识是一项关键的组织资源,并且越来越成为战略优势的重要来源。基于此,许多企业都尽全力积累员工知识,从而将其转化为公司资产。有人宣称,无形资产的价值,包括知识,已开始成为股东权益的一部分。要想在 21 世纪竞争环境下夺取战略竞争力,旅游企业必须学会掌握智能,并懂得如何将其转化为可用资源,迅速在整个企业内进行传播。

战略灵活性是指企业用来应对不断变化的竞争环境所带来的各种需求和机遇的一系列能力。在21世纪的竞争格局下,旅游企业应在运营的各个领域中拥有战略灵活性。为了获得战略灵活性,旅游企业必须发展组织储备力量。储备资源可以为企业提供灵活性,以备环境变化之需。当变化很大时,企业还要进行战略方向的转移,这种转移可能会大大改变企业的竞争战略。要达到永续的战略灵活性,旅游企业必须具有学习能力,只有不断地学习才能为企业提供最新的知识,企业才能适应新的环境。

要想在未来日益复杂和动荡的旅游行业中取得成功,旅游企业的管理者们除了具有传统的管理能力外,还需要提高智力和毅力。在这里最具挑战性的也许是管理者应具备理解能力和控制变化速度的能力。要做到这两点,管理者必须成为打破边界者,能够在时间上注意内部经营和外部环境的平衡,以便将重要的趋势整合到日常经营决策中。在这个过程中,管理者必须学会识别重要的事件,评估关于这些事件信息的质量并估计这些事件对企业的影响程度。

三、旅游企业战略目标

企业的愿景和使命从总体上描述了企业存在的理由与发展前景,但要想制定正确的企业战略并加以有效实施,还必须把这些较为抽象和概括的理念进行具体化和现实化,将其转变成为各种可以操作的目标。

(一)旅游企业战略目标的内涵

战略目标是指企业通过战略期内的战略行动而想达到的结果。它是根据企业愿景和企业使命延伸展开确定的,所能表现的是企业的具体期望,它所指明的是企业的努力方向。战略目标是企业战略的重要组成部分,它反映了战略思想和企业使命,也是制定、选择战略方案和战略实施、控制的依据。战略目标可以是定性的,也可以是定量的,如企业获利能力目标、生产率目标或竞争地位目标等。一般情况下,为了使所制定的目标既具有挑战性,又具有可实现性,在旅游企业目标表述中,必须综合考虑旅游企业长短期发展及内外部环境变化情况,贯彻结果导向的原则。

(二)战略目标的内容

战略目标是企业使命的具体化。一方面,不同的企业会根据各自的使命制定不同的战略目标;另一方面,企业内各个部门的子目标也从不同侧面反映了企业的自我定位和发展方向。因此,企业的战略目标是多元化的,既包括经济性目标,也包括非经济性目标;既包括定量目标,也包括定性目标。

彼得·德鲁克认为,各个企业需要制定目标的领域全都是一样的,所有企业的生存都取决于同样的一些因素。在实际操作中,由于企业在不同发展阶段所遇到的经营问题不同,因而其战略目标体系中的侧重点也不同,于是便形成了不同类型的战略目标体系。旅游企业的战略决策者通常考虑从经济、社会、成长与竞争优势等方面制定企业的战略目标。

1. 经济目标

经济目标通常用财务指标来衡量。对于商业性的组织,目标通常包括利润额、资本利润率、销售利润率、投资收益率、每股平均收益率等。

非营利组织也有其经济目标,但它们是用不同于商业组织的方式来衡量的。像旅游目的地的市场开发部门、慈善机构或政府部门等,倾向于使用成本效益或物有所值等来衡量其经济业绩。这些组织的大部分收入是他们自己无法控制的收入,如中央和地方政府的拨款。因此,他们在制定经济目标时,主要考虑的是如何以预算收入获取最高的经济效益等问题。

2. 社会目标

这一目标反映了企业对社会贡献的程度,如合理利用自然资源、降低能源消耗、保护生态环境、不造成环境污染、积极参与社会活动,支持社会和地区的文化、体育、教育、慈善事业的发展等。

3. 成长目标

在一个企业发展的某些阶段,企业的成长或扩张变成了其最主要的目标。企业的规模和竞争地位能为企业带来许多优势,这正是那些把发展作为关键目标的企业所努力追求的。规模能给企业带来产品和资源市场上的规模经济优势。也就是说,与小企业相比,规模较大的企业可以以较低的成本获得其所需要的资源。并且,它在产品市场上占有的较大份额也使其具有较强的定价能力和竞争能力。

常用的指标有:市场占有率、市场覆盖率、销售额、销售量、新市场的开发和传统市场的渗透等。

4. 竞争优势目标

很多企业的战略目标还包括公司针对其竞争对手的定位问题。竞争优势目标关心的是企业与其他公司,尤其是与竞争对手相比的竞争地位问题。目标的确定对赶超并打败竞争对手起了一定的保证。相对优势是唯一目标,如果一家公司能够从大量最相近的竞争对手处取得了优势,目标就算完成。

总之,企业战略目标是由多个目标项目组成的,在数量上和内容上没有固定的模式。企业应当根据自身的发展方向和经营重点,设计出符合实际情况的目标体系。

(三)战略目标的层次结构

在旅游企业战略管理中,通常将战略分为总体战略、事业部战略和职能层战略三个层次,相应地,旅游企业战略目标也可以分为以下三个层次。

（1）总体战略目标。总体战略目标通常与整个组织和许多关键业务领域密切相关，反映旅游企业的经营范围规模、投资方向、资本运营方面的目标。一般超出一个会计年度。总体战略目标由高层管理者制定，能被同时实施。

（2）事业部战略目标。事业部战略目标是为实现总体战略目标而设计的执行目标，是反映某一具体旅游业务的发展方向、经营水平、竞争方向的目标，事业部战略目标要与总体战略目标相协调，在总体战略目标的指导下制定。

（3）职能战略目标。职能战略目标是由职能部门的管理人员根据总体战略目标制定的某一职能方面的战略目标。企业职能部门和事业部的职能部门的战略目标都要分别与其对应的上层战略目标相协调，设定具体的战略目标。

在企业使命的基础上，以上三个层次的旅游战略目标形成体系，如图 6-1 所示，共同体现着旅游企业的战略任务。

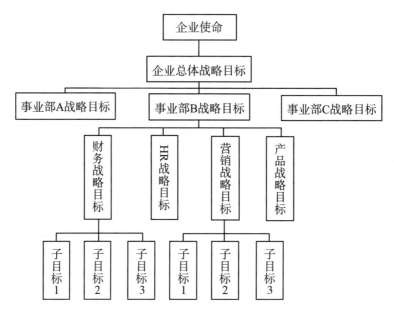

图 6-1　旅游企业战略目标体系

从图 6-1 中可以看出,企业战略目标体系一般是由企业总体战略目标、事业部战略目标和主要的职能战略目标所组成。在企业使命定位的基础上制定企业总体战略目标,为保证总体目标的实现,必须将其层层分解,规定保证性职能战略目标。

四、旅游企业战略目标的制定过程

(一)战略目标制定的步骤

确定战略目标需要经历战略环境分析、拟定目标、评价论证和目标决断四个具体步骤。

1. 战略环境分析

旅游企业战略目标的确定需要有一定的依据。因此,在制定企业战略目标之前,应首先对环境、条件进行分析,了解旅游企业所面临的有利因素、不利因素和企业自身的优势、劣势,将现在与未来加以对比,厘清二者之间的关系,才能为确定战略目标奠定比较可靠的基础。

2. 拟定目标

拟定战略目标一般要拟定目标方向和目标水平。实施多元化经营的旅游企业(集团),在制定战略目标时,不仅要确定企业整体的长期和短期战略目标,还要在各个战略业务单元或职能部门确立自己的战略目标,战略目标的制定由上至下层层推进,由企业整体落实到个人。

3. 评价论证

战略目标拟定之后,要组织多方面专家和有关人员对目标方案进行评价和论证,要围绕以下几个方面进行:(1)目标方向是否正确进行。(2)战略目标的可行性。(3)对拟定的目标完善化程度进行评价。着重考察：①目标是否明确。目标应当是单义的，只能有一种理解，而不能是多义的。战略目标是否能明确重点与非重点。②目标的内容是否协调一致，有无改善的余地。如果内容不协调一致，完成其中一部分指标势必会牺牲另一部分指标，目标内容便无法完全实现。③旅游战略目标的阶段性。尽管战略目标是战略期限内的目标，但是根据旅游企业的实际情况可以划分为几个阶段，分阶段完成。这就需要评价在各个阶段每一目标的可行性及其与总体战略目标的衔接。

4. 目标决断

在评价的基础上，确定付诸实施的战略目标方案。在选定目标时，要注意从目标方向的正确程度、可望实现的程度、期望效益的大小这三个方面权衡各个目标方案，三个方面的期望值都应该尽可能地大。

(二)战略目标的制定方法

事实上，战略目标的制定和以后的实施，其最先的基础都是内部、外部环境分析所得来的一系列数据。但是，战略制定中最重要的问题有时是不能数据化的，还需要根据自己的特点来选择适宜的方法，下面就是在实践中发现和证明的切实可行的分析方法。

1. 时间序列分析法

时间序列分析法把过去和未来的某一目标值都看成是一个时间函数，这一序列是由互相配对的两个数列构成的，一个是反映时间顺序变化的数列，另一个是反映各个时间目标值变化的数列。

2. 盈亏平衡分析法

这一方法是企业制定战略目标常用的一种有效方法，是根据产品的销售量、成本和利润三者之间的关系,从而分析各种方案对企业盈亏的影响,并从中选择出最佳的战略。

3. 决策矩阵法

以矩阵为基础,分别先计算出各备选方案在不同条件下的可能的结果,然后按客观概率的大小,计算出各备选方案的期望值,进行比较,从中选择优化的战略目标。

4. 决策树法

风险决策一般常采用决策树法。决策树的基本原理是以收益矩阵决策为基础,进行最佳选择决策。决策树能清楚、形象地表明各备选方案可能发生的事件和带来的结果,使人们易于领会做出决策的推理过程。如果问题极为复杂,还可借助于计算机进行运算。

第二节　旅游企业的竞争战略

一、成本领先战略

成本领先战略指通过规模化生产或依靠独特的生产工艺,在成本水平上大大领先于对手,从而获取价格上的竞争优势。在消费者对价格敏感、产品标准性较强、产品品牌效应不显著的情况下,成本领先战略是有效的。该战略往往意味着巨大的生产规模和专业化程度很高的生产设备。成本领先者建立一种成本结构,能够以低于竞争对手的单位成本提供产品和服务。成本领先者无意尝试成为产业创新者,而是将产品定位于吸引"普通的"或典型的顾客,最高目标是提高效率、降低成本。这一策略在饭店业中应用比较广泛,一些饭店在经营管理过程中特别重视成本的控制,把控制成本看成是自己的核心竞争力,为了将成本降到最低,它们会采取一系列的措施,比如,假日饭店减少成本的做法有:采用集中采购降低购买成本;在建筑上使用当地的原材料,将水塔放置在建筑的顶部等方法使其饭店的建筑成本比其他饭店要低 30% 左右;为减少熨烫费,公司购买不起褶皱的床单;使用节能钥匙,降低消耗。喜来登 Welcomgroup 花园饭店在设计上考虑到自然光源的充分使用。在日间,大多数公共区域以阳光作为光源;将客房的白炽灯换成荧光灯,每年为饭店节省了 15 353 美元;废水再循环用于园艺、冷凝塔、抽水马桶,每年为饭店节省了 35 000 美元。

成本领先战略的优势:通过成本优势在产业竞争中保护自己,较少受强大供应商提价的影响,较少受强大购买者投入品价格下降的影响,大宗采购提高了相对于供应商的讨价还价的能力,有能力降低价格与替代产品竞争,低成本和价格是阻止竞争者进入的壁垒。成本领先者有能力收取较低价格,或在同行价格水平下能够实现高于竞争对手的盈利能力。

成本领先战略的缺陷:竞争对手可能降低成本结构,竞争对手可能模仿领导者的做法,成本降低可能会影响需求。

然而,鉴于旅游服务体验的重要性和消费的异质性,旅游企业的管理者往往不愿意承认自己的战略成本领先。他们往往将其企业视作在低成本和差异化间寻求均衡。锦江之星、如家、七天这些经济型品牌的管理者们除了试图提供给客人一个安全、舒适的环境之外,也试图寻找一些差异化的诉求。酒店集团巨头一方面力求在经济型酒店领域内部做到品牌细分,如华住推出的"海友酒店"的主力房价在 100～150 元/间(远低于汉庭);另一方面在集团内部的中高端品牌也追求诸如全智能、咖啡主题、艺术气息等个性化设计。

二、差异化战略

差异化战略旨在通过选择顾客眼中重要的特性或区别于竞

争对手的能够收取溢价的产品特性而获得竞争优势。这种战略创造出一种在重要方面与竞争对手不同的或独特的产品。差异化企业专注于品质、创新和客户响应，在众多市场细分中竞争，专注于提供独特优势来源的组织职能。这一战略成功的关键在于消费者必须愿意为某种产品或服务的独特性付出费用。

差异化战略强调通过独特性创造价值，这与低成本战略恰好相反。万豪提供既能吸引商务旅游者，也能吸引个人旅游者的高质量的顾客体验，这种体验是其他酒店集团所不能提供的，因此，万豪能向其顾客群索取更高的价格。云南丽江的家庭旅馆大量使用免费的无线上网服务，这也让休闲、度假的客人感觉到丽江家庭网络服务的差异化。四季饭店为商务旅游者提供 24 小时委托代理服务，为顾客提供个性化的预订服务；对那些经常外出的旅游者提供特殊关照，如无行李旅行安排，由委托代理人员代购和替换旅行用品，可以减少丢失和遗忘；提供 24 小时商务服务，其中包括客房内的传真和移动电话的租用；提供家庭式烹饪，保证顾客食品简单但富有营养，推出能量、胆固醇和盐较低的食品；每天下午 5～8 点大堂免费提供咖啡；为听力障碍者提供数字显示设备；免费提供托儿服务；为早到和晚走的客人提供免费休息室，为客人创造了独特的价值。

经济型酒店集团也通过内生、外延布局中高端品牌来追求差异化。铂涛完成对 7 天的私有化收购后，以创业工场的概念迅速打造了丽枫、潮漫、希岸、喆·啡等一批个性化中端酒店品牌。华住在 2012 年通过高端酒店子品牌"禧调"打入高端市场。经济型酒店集团进军中高端品牌取得了较明显的效果。

差异化企业的优势：顾客会形成品牌忠诚；强大的供应商不再是威胁，因为企业更关注它所收取的价格而不是生产的成本；差异化企业可以将涨价转嫁给顾客；强大的购买者也不再是威胁，因为产品具有独特性；差异化和品牌忠诚构成了产业进入壁垒；替代产品的威胁取决于竞争对手满足顾客需求的能力。差异化企业可以为独特的产品创造需求、收取溢价，带来更高的收入和盈利能力。

差异化战略的缺陷：很难长期保持在顾客眼中的独特性，敏捷的竞争对手可以快速模仿，专利和先行者优势都是有限度的；很难保持溢价的水平。而且，采取差异化战略的公司也不能忽略其成本情况。当这些公司的成本很高时，企业也许就不能通过相对较高的价格来弥补额外的成本。

三、集中化战略

市场全球化和区域化、竞争的加剧、顾客消费心理的成熟等因素，已经使得企业越来越无力赢得所有消费者的青睐。既然这样，最明智的做法就是选择最适合的一块"蛋糕"，来实现利润的增长。

（一）集中化战略的类型

集中化战略，又称为聚焦战略，它是指企业的经营活动集中于某个产品特定的细分市场，而不是针对整个市场上的一种战略。这一战略的前提是：企业能够以更高的效率、更好的效果为某一狭窄的战略对象服务，从而超过在更广阔范围内竞争的对手，并获得竞争优势。

集中化战略一般有两种变化形式：成本领先集中化战略和差异集中化战略。实施成本领先集中化战略，企业寻求的是其目标市场上的低成本优势；而在差异集中化战略中，企业则追求在目标市场上形成产品或服务的差异。

（二）集中化战略的收益与风险

同其他竞争战略一样，集中化战略也能使企业获得竞争优势。其主要收益表现在以下两方面。

（1）与针对整个市场的战略相比，集中化战略只需要较少的资源投入。根据中、小型企业在规模、资源等方面所固有的一些特点，以及集中化战略这一特性，可以说集中化战略对中、小型企业来说可能是最适宜的战略。

（2）将目标集中于特定的细分市场,为细分市场提供更专业化和更富有知识的服务。

集中化战略也有相当大的风险,主要表现在以下两方面。

（1）战略目标市场与整体市场之间对所期待的产品或服务的差距缩小。由于企业全部力量和资源都投入到一种产品或服务或一个特定的市场,当细分市场中的顾客偏好发生变化,或者说细分市场中的顾客需求与一般市场中的顾客需求趋同时,就会发现这部分市场对产品或服务需求下降,企业就会受到很大的冲击。

（2）竞争对手在战略目标市场中又找到细分市场。在更广泛范围内竞争的企业,如果认为实行集中化战略的公司所服务的细分市场很有吸引力,值得展开竞争,就可能会开发更加狭窄的细分市场。此时,企业原来的集中就不再集中,集中化战略的优势就会被削弱或清除。

四、整合战略

由于三种基本竞争战略均存在各自的风险,因此越来越多的企业开始采用整合战略来降低风险。在全球市场,与单纯依赖上述某一竞争战略的企业相比,能够成功地执行成本领先与差异化整合战略的企业将处于一种更加有利的地位。这种能够把成本领先和差异化融合在一起的能力对于维持企业的竞争优势是至关重要的。

越来越多的事实证明了实施整合战略与获取竞争优势之间的关系。例如,一段时间以前,研究学者们发现在低利润行业竞争的企业中,最成功的总是那些能把成本领先与差异化战略有机结合起来的企业。有研究表明:具有多种竞争优势的企业的经营业绩通常要好于那些只具有一种竞争优势的企业。其他研究还发现,在旅游行业中,表现最佳的企业也是那些把差异化和成本领先战略融合在一起的企业,这证明了整合性战略的可行性。

成功执行整合性战略的企业之所以能获得竞争优势,关键原因在于这种战略的好处具有两重性:成本领先意味着低成本,与此同时,差异化则可把价格定得更高。这样,整合性战略就使企业通过向顾客提供两种形式的价值来获得竞争优势:一些差异化的特征(但数量上不及专门执行产品差异化战略的公司)和相对较低的成本(但无法与成本领先者同样低)。

Kosmo.com 是一家新兴创业公司,它想通过采用成本领先与差异化整合的战略来获得竞争优势。Kosmo.com 通过网站向顾客推出大量"垃圾食品"和录像带。公司由首席执行官约瑟夫·帕克(Joseph Park)创办并运作,主要是迎合纽约人的品位,希望通过点击鼠标来满足纽约人对食品的独特要求。顾客可以通过网站购买并要求公司 1 小时以内送货上门,项目包括奥利奥、爆玉米花、饮料、录像带、报纸杂志、DVD 等。免费送货是公司最主要的差异化特征之一。因为没有自己的鼠标加水泥商店(电子商务),Kosmo.com 各类食品的定价与本地的杂货店水平相当。每笔订单平均金额为 10 美元,公司目前的年销售额已接近 400 万美元。按计划,继西雅图和旧金山之后,Kosmo.com 近期将在波士顿和华盛顿两地推出其业务。尽管亚马逊网上书店也有录像带出售,但由于运费和处理费用的原因,等你拿到录像带时,价格就已经提高了。例如,亚马逊网上书店中的《莎翁情史》DVD 售价为 9 美元。如果你希望当天收到就另加 9 美元的运费,如果你要求一周内发出就另加 3 美元。Kosmo.com 所提供的产品价格与其相同,但不收任何运费。帕克目前仍在继续推行这种成本领先和差异化整合的战略,准备在全国 100 家城市推出 100 个小的 Kosmo。这样,Kosmo.com 的差异化特征就包括在线购买和送货上门的双重便利,这为那些希望立刻看到想看的录像带、吃到想吃的食品的顾客创造了一种即时的愉悦。关于成本领先与差异化战略整合的成本,Kosmo.com 所售商品的价格与传统商店的价格持平。这样,公司的战略就从差异化和节省运费两方面为顾客创造了价值。

在获取竞争优势方面,整合性战略的潜力是非常大的,但这种潜力也伴随着巨大的风险。采用低成本和高差异战略组合较好地弥补了低成本和差异化战略的缺陷,可以使企业有效规避采用单一低成本或差异化战略所带来的风险。但这种战略组合对企业的战略规划和战略管理能力和控制能力也提出了更高的要求,企业必须在整个行业或者某个局部市场同时寻求不断降低成本和创造差异的方案,而且在上述两个方面具有超过竞争对手的优势,同时要求企业在战略上具有很高的应变能力或者弹性。

战略组合的最大风险在于:如果企业无法在其选定的竞争范围内确立自己的领导地位,或者成为成本领导者和差异者,那它就有可能"被困在中间"。这就使企业无法成功应对五种竞争力量,也就无法获得竞争优势。事实上,一些研究结果表明,经营业绩很差的企业几乎全都没有一个可识别的竞争优势。不具备一种鲜明的、可识别的竞争优势就会导致企业被困在中间。

第三节　旅游企业的发展战略

一般来说,一个企业是不能把有限的资源同时投入在各个战略业务单元的。因此,在整个组织的各个层面上,管理者们必须考虑各个战略业务单元应该选择的战略方向间的总体平衡,以便组织不断地发展和成长。一般来说,组织可选择的未来发展方向的战略主要有:增长型战略、稳定型战略及紧缩型战略。

一、企业发展战略的选择方法

波士顿矩阵是美国波士顿咨询公司发明的一种被广泛运用的业务组合分析方法,它主要根据一个企业的相对竞争地位(市场份额)和业务增长率两个基本参数来进行发展战略的分析与选择。以业务增长率和相对竞争地位分别作为横轴与纵轴,可以将企业的各业务单位分为明星类、金牛类、瘦狗类和问题类四类。

(1)明星类业务。明星类业务的市场增长很快,并拥有较高的市场份额,因此有迅猛增长的销售规模。它们或许是销售经理的梦想,但是,由于它们可能会吸收大量的现金流,所以即使它们具有高获利性也可能会是会计人员的噩梦。企业经常会为这类业务花费大量的广告和产品的改进费用以便在市场发展较慢时,使它们变成金牛类业务。

(2)金牛类业务。一种具有较低的市场增长量和较大市场份额的业务,既能使公司盈利,又能为公司带来大量的现金。公司用这类业务带来的利润来支持处于发展阶段的其他类业务。对这种业务采取的战略应该是维持经营,并强有力地防御其竞争者。

(3)瘦狗类业务。市场份额占有量较低且市场增量也较低的业务。很显然,它的获利能力不大。因为它所在的市场增长率较低,所以培育这种业务将会遭遇成本风险。由此而来,一旦瘦狗类业务在业务组合中被识别出来,它通常会被排挤出市场。

(4)问题类业务。这一类业务是由于它们的进退两难的困境而被贴切地定义成问题类业务。它们已在一个逐渐增长的市场中有了立足之地,但如不提高市场份额,那么它们会成为瘦狗类业务。因为这种业务可能不会有较大的销售量,所以将资源投入以获取较高的市场份额需要一定的勇气。这些产品需要尽快建立自己的市场地位,因此是公司大量现金的使用者,也就和公司大量的负现金流联系在一起了。

二、旅游企业发展战略类型

(一)增长型战略

企业通常运用安索夫矩阵(Ansoff,1987)分析增长型战略。

这个矩阵有产品和市场两个变量,其中产品维度是指企业在增长时选择现有产品还是开发新产品,而市场维度是指企业在增长时选定现有市场还是开拓新市场。通过产品和市场两个变量,共有四种组合:市场渗透、市场开发、产品开发、多元化(图 6-2)。

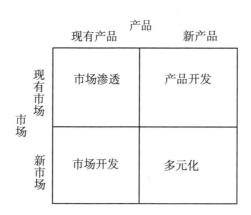

图 6-2　安索夫提出的四种增长型战略

1. 市场渗透

市场渗透(Market Penetration)指通过努力,提高现有产品或服务在市场上的销售量和市场份额。这种渗透可以通过地理上的渗透和营销上的渗透来实现。市场渗透的基本战略理论是:现有产品在现有市场上还有足够的增长潜力,通过渗透可以将这种潜力充分发挥出来。

2. 市场开发

市场开发(Market Development)指以现有产品或服务打入新的地区市场。市场开发的战略考虑基于对新市场和自身实力的信心。新市场可以是新的地理位置或现存市场的新的细分市场。

国际化战略和全球化战略是典型的市场开发战略例子。随着中国经济的不断发展,国际著名酒店品牌纷纷抢滩中国市场。

3. 产品开发

产品开发(Product Development)战略是通过开发新型产品或提供新型的服务来拓展公司的业务。从某种意义上来说,这一战略是企业发展战略的核心,因为对企业来说,市场毕竟是不可控制的因素,而产品开发是企业可以努力做到的可控制因素。

4. 多元化

多元化(Diversification)战略指企业通过新产品和新市场来实现增长的战略。即企业开发新产品来满足新市场的需求。典型的例子是:以特许经营的连锁方式进行的连锁饭店的多品牌经营,实现饭店集团向管理公司的转化;分时共享度假,这些都是多元化战略的最好体现。

(二)稳定型战略

企业的生存和发展是一种有节奏的运动过程,不可能像人们所希望的那样永远处于迅速发展之中。有时由于内外部环境的变化,出现了一些障碍性因素,会妨碍企业的发展;有时企业在经历了一段高速发展之后,需要进行调整,巩固已有的成果,积累力量,争取新的发展。这时就需要采用稳定型或谨慎型战略来指导企业。

稳定型战略,是指在内外部环境约束下,企业准备在战略规划期限内使其资源分配和经营状况基本保持在目前状态和水平上的战略。

1. 无变化战略

无变化战略,采用它的企业可能是基于以下原因:(1)企业过去的经营相当成功,并且企业内外环境没有发生重大变化;(2)企业并不存在重大的经营问题或隐患。

2. 维持利润战略

维持利润战略注重短期效果而忽略长期利益,其根本意图是渡过暂时性的难关,以维持过去的经营状况和效益,实现稳定发展。

3. 暂停战略

在一段较长时间的快速发展后,企业有可能会遇到一些问题使得效率下降,这时就可采用暂停战略,即在一段时期内降低企业的目标和发展速度。

4. 谨慎实施战略

如果企业外部环境中的某一重要因素难以预测或变化趋势不明显,企业的某一战略决策就要有意识地降低实施进度,步步为营,这就是所谓谨慎实施战略。

(三)紧缩型战略

随着企业的经营环境在不断变化,原本有利的环境在经过一段时间后会变得不利;原来能容纳许多企业发展的行业会因进入衰退阶段而无法为所有企业提供最低的经营报酬。所有上述情况的发生都会迫使企业考虑紧缩目前的经营,甚至退出目前的业务或实施公司清算,即考虑采用紧缩型战略。

1. 收缩战略

收缩战略包括两类:规模紧缩与范围紧缩。为了解决企业中出现的管理层级臃肿问题,大企业可以实施规模紧缩。洲际酒店集团关闭了位于伦敦的总部办公室,合并了一些运营部门,将公司全球总部的员工裁减了 800 人。

范围紧缩通常会涉及出售一些非核心业务,或者出售一些非营利性业务,这些业务与组织的核心能力并无关联。如美国的一家家族企业卓越饭店公司把不是自己长处的餐馆及其管理外包出去,专心针对商务旅游者,通过发挥其饭店设计、装修上的优势,降低了成本,取得了经营的巨大成功,从 1973 年仅一家饭店到 1999 年拥有遍布全美 13 个州的 99 家饭店。抛售与组织战略专一性相关程度较低的资产可被认为是一种市场撤退,这会引起诸多利益相关者的关注,然而,有证据表明,股票市场上对于企业的合理范围紧缩行为往往持积极支持的态度。

2. 剥离与清算

资产剥离(分拆)是一种与并购相反的行为。剥离的重要表现之一是资产出售,在这种情况下,一个业务单元可能出售给另一家企业,或者被内部的管理者进行管理层收购。剥离的另外一种形式是公司分立,在这种情况下,公司现有股东在分立出去的公司中获得同比例数量的股票。

清算是指企业为了变现而将全部或者部分资产分割出售的战略,这一行动是对战略失败的承认。虽然在感情上难以接受,但停业清算可能比继续大笔亏损要好。清算的实施应当遵循以下几个原则:第一,企业已经采取了收缩和剥离战略,但未能成功;第二,企业的其他唯一可选择方案就是破产,清算是破产程序之后的行为;第三,企业股东可以通过出售企业资产而承担有限责任,从而将损失降至最低限度。

(四)多元化战略

多元化战略又称多角化战略,指企业同时经营两种以上基本经济用途不同的产品或服务的一种发展战略。多元化战略的出发点在于避免对单一产业的过度依存。旅游企业多元化战略的类型主要有以下几种。

1. 同心多元化战略

同心多元化战略指开发与本企业现有产品线的技术和营销

有协同关系,利用现有设备、技术等生产条件,生产与现有产品结构相但用途不同的新产品,以吸引新的顾客,满足新的需求,就像从同心圆的圆心出发,向外扩大其经营范围与经营项目。例如,旅游企业可从事家具的展示和销售。美国有一家旅馆,内部装潢仍保持 18 世纪的风格,所有家具都是古董复制品,来此住宿的顾客看上任何家具和摆设,都可以买走,旅馆和家具的生意都很好。这种战略充分发挥现有产品线和营销协同的优势,因而投资少、风险小、容易获得成功。实施这种战略不是简单的经营项目的机械相加,而是相互渗透、完美结合,同时要求经营者能在不同的经营项目之间找到一个结合点,即产品之间存在技术关联性或者能使消费者产生心理关联性。

2. 横向多元化战略

横向多元化战略也称水平多元化战略。指企业利用现有市场,根据现有顾客的其他需要,采用新技术、新设备,开发生产与现有产品在技术上关系不大的新产品,以扩大业务经营范围,寻找企业新的增长点的一种多元化战略。例如,德国汉莎航空公司除了经营航运业务,还有多元化经营,包括维修(每年为各国航空公司维修 50 多架飞机)、制造(凡与航空有关的物品都制造)、旅游(开办多家旅馆、游乐场,甚至拥有铁路专线)等项目,在近年来国际航空业困难重重的情形下,汉莎公司却蒸蒸日上。实施这一战略,意味着企业进入一个新的行业,会给企业的经营增加难度,但企业生产的新产品一般只在同一市场上销售,满足顾客一种新的需求,因而易于发挥企业现有的营销优势,有利于提高企业在市场上的地位。

3. 集团多元化战略

集团多元化也称混合多元化。指企业通过联合、兼并等形式,把企业业务扩展到与现有技术、现有产品、现有市场毫无关系的其他行业,形成一个跨行业经营的企业集团。集团多元化战略在许多发达国家早已被广泛应用。例如,我国中旅集团成立以后,不但经营长短旅游线路,而且从事商贸、信贷、快递、民航代理服务等,在商贸旅游领域积极拓展,经营绩效显著。实施集团多元化战略,一般可以增强企业对环境的适应性,获得更多的发展机会,减少单一经营的风险,但是它也带来经营管理复杂化、资源配置分散化等问题。同时,这一战略实施过程中需要大量的资金。

4. 产业链整合战略

产业链整合是对产业链进行调整和协同的过程。旅游企业通过产业链整合调整、优化相关企业关系使其协同行动,提高整个产业链的运作效能,使外部交易内部化,获得规模经济和范围经济,最终提升企业竞争优势。

5. 产业互补扩张战略

旅游行业受宏微观环境等多因素的影响,波动较大,旅游企业必须考虑进入新的行业,进入互补性行业,整合资源降低系统性风险。旅游企业通过产业链整合战略与产业互补扩张战略,采取相关多元化与非相关多元化战略,必然能够取得竞争优势与可持续发展。

(五)一体化战略

在旅游业中,纵向一体化经常发生在餐厅和酒店之间,许多酒店都由餐馆发展而来。纵向一体化可以获得降低交易成本的好处。

1. 前向一体化

前向一体化指向产业链的下游延伸,即将业务延伸到企业的客户端。如航空公司投资酒店。再如,作为第三产业的饭店业,其一体化与制造业看似不同,其实本质却是一样的。前向一体化的适用准则为:销售商成本高昂、不可靠、不能满足企业发展的需要;产业快速增长或将会快速增长;前向产业具有较高的进入壁垒;前向产业收入水平较高;企业具备进入前向产业的条件;企业需要稳定的生产。

2. 后向一体化

后向一体化指向产业链的上游延伸,即将业务延伸到自己的供应商的领域内。如旅行社开发旅游景点。麦当劳在中国培育自有的种植和养殖基地,提供餐厅所需要的食品。后向一体化的适用范围有:供应商成本过高、不可靠、不能满足企业发展的需要;供应商数量少而需方竞争对手多;产业快速增长;企业具备自己生产原材料的能力;原材料成本的稳定性极为重要;供应商利润丰厚。

纵向一体化可以获得内部化的好处。但是,纵向一体化也存在一些争议。有研究者指出,纵向一体化会存在一种与单一业务扩展类似的风险。如果一个企业实施了纵向一体化战略,而且,企业的主要产品开始过时,在这种情况下,除非企业的价值链增值活动可以保持足够的灵活性,可移植入新的产品,否则整个组织的获利能力将受到影响。

3. 横向一体化

当今全球战略管理的一个重要趋势便是实施横向一体化战略的大企业越来越多。横向一体化指同业间扩张。横向一体化战略适用准则有:为获取垄断;企业处于成长型的产业中;规模具有部分优势;企业具有扩大经营规模的能力、竞争对手停滞不前。横向一体化趋势的出现,反映出战略管理者对自身从事多种无关业务能力的怀疑。同业并购比非同业扩张更能产生效率,因为这更能避免重复建设,也使收购者更易于了解被收购者。国际饭店业大规模的收购趋势不失为横向一体化的最好表现,如仕达屋收购威斯汀饭店集团,万豪收购复兴集团和丽思·卡尔顿,巴斯集团收购洲际集团。饭店集团或公司之间的这种横向一体化的兼并与重组形成了真正的规模经济和范围经济优势,使其受益匪浅。

企业兼并(Merger),又称吸收合并,指两家或者更多的独立企业,合并组成一家企业,通常由一家占优势的公司吸收一家或者多家公司。企业收购(Acquisition)是指一个公司购买或获得另一个公司产权的不平等"婚约"。在这种交易中,除非收购过程中收购公司是以换股票的方式来收购的,不然,被收购公司的股东不再是扩大了的公司的主人。

第七章　新时期智慧旅游的
发展与实践

　　智慧旅游是旅游产业发展到向现代化迈进的新阶段下，伴随着智慧城市建设的热潮而提出的新理念。国家旅游局正式把智慧旅游作为我国旅游业未来发展的战略。

第一节　智慧旅游城市

　　智慧旅游城市是在智慧城市和智慧旅游的基础上产生的，是两者的结合，也是旅游城市面对日益突出的"大城市"问题应运而生的解决方案。智慧旅游城市代表着城市转型的最新理念与方向，以信息化、智能化为主要途径，提高旅游服务效率。将科技融汇到满足旅游者的个性化需求、满足旅游企业的便捷运营、满足旅游管理部门的科学管理等各个领域，促进旅游信息资源共享，全面提升优秀旅游城市的接待服务水平。

一、智慧旅游城市的内涵

(一)智慧旅游城市的概念

　　智慧城市指的是充分借助物联网、传感网，涉及智能楼宇、智能家居、路网监控、智能医院、城市生命线管理、食品药品管理、票证管理、家庭护理、个人健康与数字生活等诸多领域，把握新一轮科技创新革命和信息产业浪潮的重大机遇,充分发挥信息通信(ICT)产业发达、RFID 相关技术领先、电信业务及信息化基础设施优良等优势,通过建设 CT 基础设施、认证、安全等平台和示范工程,加快产业关键技术攻关,构建城市发展的智慧环境,形成基于海量信息和智能过滤处理的新生活、产业发展、社会管理等模式,面向未来构建全新的城市形态。

在智慧城市背景下,智慧旅游城市围绕旅游产业,综合利用物联网、云计算等信息技术手段,结合城市现有信息化基础,融合先进的城市运营服务理念,建立广泛覆盖和深度互联的城市信息网络,对城市的食、住、行、游、购、娱等多方面旅游要素进行全面感知,并整合构建协同共享的城市信息平台,对信息进行智能处理利用,从而为游客提供智能化旅游体验,为旅游管理和公共服务提供智能决策依据及手段,为企业和个人提供智能信息资源。

(二)智慧旅游城市的特征

1. 旅游业与信息技术产业紧密融合

随着信息技术的飞速发展,信息资源日益成为重要的生产要素,与其他产业融合发展。20 世纪 80 年代,信息技术应用于我国旅游企业,通过以携程旅行网为代表的一大批旅游电子商务网站的兴起、旅游信息中心的独立和国家旅游局"金旅工程"的实施,为我国旅游信息化建设打下了坚实的基础。

智慧旅游城市实现旅游业与最先进技术产业的结合,为旅游城市的发展开辟了一条新的发展道路。首先旅游宣传营销网络媒介更加丰富,媒体价值得到有效释放,网络口碑传播对于旅游营销的影响日益凸显,旅游网络营销平台呈现蓬勃发展态势,垂直搜索类网站、旅游点评网站等新兴业态不断涌现,极大丰富了旅游宣传营销的渠道和方式。其次,智能手机等移动终端在旅游业中的应用日益频繁。基于位置的移动应用、用手机进行旅游产品的预订中的周边服务等技术手段和应用已经成为旅游城市公共服务的重要内容。最后,云计算技术与物联网技术等先进技术应用于旅游管理系统实现安全监控、智能办公等方面的智慧化,真正实现集约化、智能化、统一化的智慧旅游管理。南京智慧旅游顶层设计将信息抓取系统信息采集、信息雷达系统电子政务等作为智慧旅游的一期项目建设取得预期建设成果。

2. 旅游产业范畴扩大,拉动更大社会价值

旅游业和信息技术产业这两者的关联度本来就很强,信息技术与旅游业的结合带来更大的产业链延伸,孵化出更多新兴产业和部门。智慧旅游城市中,产业之间交叉繁多形成密集的产业网。主要体现在三个方面:

第一,旅游全产业链价值。建设"全产业链"的现代旅游业,是落实国务院关于加快发展旅游业的意见,也是满足消费并创造消费的必由之路。智慧旅游全产业链体现在要全面与第一、二、三产业集成,拓宽到旅游食、住、行、游、购、娱等各方面。

第二,产业融合价值。产业融合是现代产业发展的重要特征,旅游是一个巨大的市场,合作和融合不会使旅游产业和旅游部门的功能弱化,相反只有合作才能共赢,只有融合才能获得更多发展机会。

第三,产业跨越价值。智慧旅游打破了传统的第一、二、三产业严格界限的划分,而且要将各大产业间进行柔性融合体现出跨越产业间的超额价值。旅游产业链上下游各个关键系统和谐高效地协作,达成城市旅游系统运行的最佳状态,智慧旅游对相关企业、产业、城市、区域乃至国家社会经济起到不同程度的拉动效应。

此外,智慧城市的信息应用以开放为特性,并不仅仅停留在政府或城市管理部门对信息的统一掌控和分配上,而应搭建开放式的信息应用平台,使个人企业等个体能为系统贡献信息,使个体间能通过智慧城市的系统进行信息交互,充分利用系统现有能

力,大大丰富智慧城市的信息资源,并且有利于促进新的商业模式的诞生。

3. 旅游公共服务体系健全,社会生活旅游智慧化

智慧旅游城市针对散客市场占据主体地位的现实环境和发展需求,逐步实现城市公共服务体系,特别是面向游客的旅游公共服务体系健全化、智能化。实现从旅游宣传营销体系到旅游接待服务体系,从旅游目的地网站集群、旅游呼叫中心、旅游集散中心、旅游咨询服务中心到遍布城市交通枢纽、旅游企业等旅游信息触摸屏的立体化全面建设;实现从旅游信息服务内容到服务方式的智能化、多样化,从体系建设、运营到维护的协同化、长效机制化。

4. 城市旅游创新微环境和激励机制健全

随着微博、微电影、微信等一系列微事物的出现,现代生活进入微时代。快节奏的社会生活,急躁的社会心态,海量信息的流动,年轻人的引领构成微时代相对于其他社会状态的转变显得更加急促和迅猛。

对于其他行业来看,旅游企业的生产过程更加需要创意、需要智慧。例如,旅游营销不仅是有效传递信息的问题,更重要的是要创造智慧、提供智慧,把旅游的营销打造成智慧的营销,打造成智慧的产业。现在"编故事""摄影大赛""祈福活动"等创意层出不穷,都是智慧的产物、智慧的代表。并由此深化,创造文化营销和情感营销等系列新方式,如进行社区营销,提倡环保理念的营销等。从现在来看,很多地方的旅游营销已经构造了一个比较好的发展模式,这就是政府、产业、学界、民众和媒体相结合,称为"官、产、学、民、媒"相结合的总体模式形成了模式的组合与模式的互动。

二、智慧旅游城市的构建

(一)智慧旅游城市构建的核心目标

1. 为游客提供智能化旅游体验

为各类游客提供更便捷、智能化的旅游体验。举例来说，从旅游者的角度讲主要包括导航、导游、导览和导购(简称"四导")四个基本功能。

第一，旅游者需要的位置服务——导航。智慧旅游将导航和互联网整合在一个界面上，地图来源于互联网，而不是存储在终端上，无须经常对地图进行更新。当 GPS 确定位置后，最新信息将通过互联网主动弹出，如交通拥堵状况、交通管制、道路交通事故、限行、停车场及车位状况等。

第二，旅游者需要的信息服务——导游。在确定了位置的同时，在网页上和地图上会主动显示周边的旅游信息，包括景点、酒店、餐馆、娱乐、车站、活动(地点)等的位置和大概信息，如景点的级别、主要描述等，酒店的星级、价格范围、剩余房间数等，活动(演唱会、体育运动、Google 电影)的地点、时间、价格范围等，餐馆的口味、人均消费水平、优惠等；智慧旅游还支持在非导航状态下查找任意位置的周边信息，拖动地图即可在地图上看到这些信息。周边的范围大小可以随地图窗口的大小自动调节，也可以根据自己的兴趣点(如景点、某个朋友的位置)规划行走线路。

第三，旅游者需要的游览服务——导览。点击(触摸)感兴趣的对象(景点、酒店、餐馆、娱乐、车站、活动等)，可以获得关于兴趣点的位置、文字、图片、视频、使用者的评价等信息，深入了解兴趣点的详细情况，供旅游者决定是否需要它。导览功能还将建设一个虚拟旅行模块，只要提交起点和终点的位置，即可获得最佳线路建议(也可以自己选择线路)，推荐景点和酒店，提供沿途主要的景点、酒店、餐馆、娱乐、车站、活动等资料。

第四,旅游者需要的购物服务——导购。经过全面而深入地在线了解和分析,可以直接在线预订(客房/票务)。只需在网页上自己感兴趣的对象旁点击"预订"按钮,即可进入预订模块,预订不同档次和数量的该对象。由于是利用移动互联网,游客可以随时随地进行预订。加上安全的网上支付平台,就可以随时随地改变和制订下一步的旅游计划。

2. 为企业放大旅游资源效益

智慧城市的建设可以促进景区、旅行社、酒店、交通、餐饮场所、游乐场所、购物场所及其他旅游相关行业资源的深度开发,进一步放大旅游资源的效益。例如,智能的人群动态感知工程可以通过物联网技术,在公交、地铁、商场等人群密集地区实时感知人的信息。智能交通出行服务可以让人在出行的时候能够提前知道交通信息,而出行以后对结果的反馈可以进一步提高服务效率。

智慧旅游城市的建设通过网络及城市内各种先进的感知工具的连接,整合成一个大系统,使所收集的数据能够充分整合起来成为更加有意义的旅游信息,进而形成关于城市旅行的全面影像,使旅游企业和游客可以更好地进行放大旅游资源效益和进行旅游生活。

3. 为管理提供高效信息平台

通过对城市中遍布各处的智能设备的感测数据进行收集,使所有涉及城市运行和城市旅游生活的食、住、行、游、购、娱各个重要方面都能被及时、准确、公平、公正、合理、安全、简洁地感知和监测起来。在数据和信息获取的基础上,通过使用传感器、先进的移动终端、高速分析工具等,实时收集并分析旅游城市中的旅游信息,以便管理机构及时决策并采取适当措施。

(二)智慧旅游城市的基本架构搭建

智慧旅游城市的总体架构一般由一个平台、若干支撑体系以及相应的基础环境构成。一个平台是指智慧旅游城市平台。支撑体系涉及旅游管理部门、旅游企业、游客使用的智慧旅游介质，一般包括：旅游行业规范及监管、旅游产品及服务、语言服务交流及响应、智能虚拟导游服务、跨平台感知及响应、综合运营中心等内容。基础环境包括智能化技术、研究开发和实验测试、推广应用以及培训等，详见图 7-1。

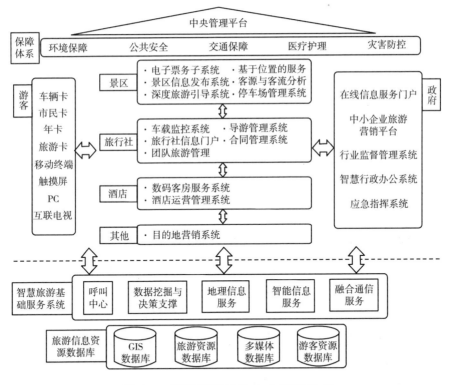

图 7-1　智慧旅游城市中央管理平台

智慧旅游城市平台体现电子商务、电子政务、智能服务、运营感知、云计算存储及分布的物联网综合性能，其特点表现为公平、公开、公正、安全、高效、和谐。

1. 一个平台

一个平台也就是指一个智慧旅游物联网平台。集先进理念、先进技术、创新管理、创新运营模式于一体的集成平台由政府搭建,提供给游客、旅游服务企业等运营。服务均按规则和标准呈现、运用物联网的新技术以最便捷的方式呈现,让所有享受到现代服务的游客、旅游服务企业体会到智慧旅游的便捷并从中获得收益。

智慧旅游城市的建设涉及重要技术且必须依托新的科技革命,其中以物联网技术、云计算技术、传感器技术、射频技术、网络技术、智能信息处理技术等最为重要。这些技术成为建设智慧旅游城市的载体,是智慧旅游运营和管理的手段。

2. 若干支撑体系

基于新技术创新旅游行业管理及监管模式是该平台建设和运营的重要支撑体系,同时,该平台的运营也是行业主管部门将创新的管理和监管模式体现和落实的重要抓手,影响到整个行业在新的社会和经济发展形势下如何有效地引导旅游行业健康、和谐地成长和发展,因此这一体系的建立是本平台的基础。

旅游超市是将旅游服务的各企业、服务项目如同超市展台一样展现在服务对象面前,让游客、旅游服务企业可以进行自由组合、公平交易、接受监督和监管,保障各方面的利益和安全,这一体系架构是智慧旅游平台的主要构成和表现形式。利用电子商务,享受网络预订,全部行程清晰列单(行程单),可以自己打印套票,也可以接受套票手机码,通过便捷、安全的网络支付手段处理账务,方便的同时保障质量和安全。

语言服务是智慧旅游的重要特色,包括多语言版本的响应服务和各类语言与中文的转换甚至自动翻译的智能化语言服务体系。

智能虚拟导游体系是利用电子地图的智能优化分析,根据游客或旅游企业的偏好给出最佳的景区景点、酒店、其他设施及线路的建议,并在电子地图上直观地展现出来。利用虚拟现实技术,可以模拟已经选择的线路和场景,虚拟化体验流程和周边感受,经历全程完整的虚拟旅游和智慧旅游的体验。这一体系充分展现智慧旅游平台的智能化、实用化和趣味性,成为智慧旅游平台吸引游客、旅游企业的有力支撑体系。

智慧旅游平台也需要跨平台感知,与公路、铁路、航空、海运及旅游 BUS 等交通平台,与酒店、餐饮、购物、文化娱乐等平台的互动和交流。有各个平台进行互动感知的支撑体系,才可以方便用户实时获取真实的信息,为智能化运营提供保障。这个支撑体系可以通过全面的物联网技术实现,包括电子地图、GPS、RFID和 M2M 感知技术等,为智慧旅游服务平台的建立和运营提供技术保障。整个智慧旅游平台的综合运营需要有强有力的运营体系作为支撑,政府是规则制定者和监管裁判者,旅游市场的运营需要用市场的方式进行运作,因此,建设基于电子政务、运营电子商务的操盘方式,可以很好地用市场规则和手段合理地引导和吸引各种旅游服务行为规范运营,同时基于感知系统及时获取市场的细微动态,及时应对调整,及时响应服务,通过呼叫中心、信息发布、综合宣传、平台架构调整等多种运营方式保障平台的健康运营。

3. 相应的基础环境

智慧旅游城市的基础保障是一系列成熟的智能化技术,随着技术的发展,许多技术已经成熟,甚至都可以找到各自的应用案例。

成熟的技术也是搭建智慧旅游城市必需的基础性环境,包括:智能识别技术,例如电子门票等;智能监测技术,例如客流监控和资源管理等;智能定位技术,例如移动位置应用及周边服务,还包括城市环境应急处理服务等;智能感应技术,例如设施及路径自动提示、自动判断行为;智能化安全技术,例如数据备份、系统安全等。这些研发和创新应用都需要有实验和测试环境,通过试用,不断地总结、提炼和得到有价值的资料及信息,可以促进系统开发和升级。因此实验测试环境必须建立在类型多样、涉及面广、可及时提供有价值的改进建议等基础环境之上。

4. 数据中心

旅游是一个综合性信息依赖型的产业,其中食、住、行、游、购、娱等繁杂的旅游基础信息获取、加工、认证及传播利用对产业的发展起着重要的作用。旅游信息数据库的建立及其相应的基础服务系统使用,不仅能够让游客和企业以及管理者快速、准确地查找和检索到相应的旅游信息,而且能够促进旅游信息规范化和标准化,促进旅游信息的共享,打破城市之间旅游信息的封锁;旅游信息数据库的建立也有利于从整体上对旅游业进行宏观调控和管理,有利于旅游业协调、健康、有序地发展。

云计算对旅游数据库技术提出了新的要求,需要兼顾高可扩展和高可靠性的架构设计。与此同时,旅游数据库的建设涉及旅游基础信息资源标准规范,加快制定涉及旅游信息资源的各类国家标准、行业标准、地方标准与企业标准是亟待解决的新课题。

第二节　智慧景区

一、智慧景区的内涵

(一)智慧景区的概念

智慧景区主要在智慧旅游预订、智慧旅游体验、智慧旅游营销、智慧景区管理、智慧景区经营等方面实现智慧旅游。智慧景区信息管理系统是智慧景区服务的核心资源,通过对智能传感器、无线传感器物联网、对地观测传感网和导航定位,以及采用云计算、大数据、空间地理信息的综合集成,对海量的景区旅游资源、游客身份、设施设备、安防监控、射频识别、红外感应、设施设备、工作人员以及大气、水文、植被、景观、人流、"三废"排放等不同尺度的时空数据进行传输、处理、记录、控制、存储和合成显示,并将数据直观、形象地展现给管理者,为景区各项事务的决策提供依据和支持。

智慧景区以物联网和云计算的智慧环境系统为基础,在感知、传输、应用三个层面为游客提供智慧旅游服务。底层感知层数据采集端,由自动监控设备实时采集的传感器组成,收集环境基础信息和监测数据及视频信息;中层是以数据传输为主的网络传输层;上层为云计算平台,是整个系统的云数据中心和云服务中心。云平台上的数据包含基础数据、监测数据、视频监控数据、统计分析数据、空间数据、政务数据等,实现数据整合和数据共享。

智慧景区通过完善景区信息网络基础设施与数据中心,实现景区景点实时导航、景点查询、定位监控、报警处理、应急预案、调度管理、天气预报、交通信息、旅游宣传等功能,其目的是提高景区管理效率和实施动态管理。同时,智慧景区有利于科学合理地设计规划景区项目与内容,控制景区游客流量与保护景区资源,丰富旅游产品,使游客可以自己选择线路,智能地感知云平台所提供的动态信息,显著提升旅游景区服务质量与服务水平,满足旅游者个性化与现代化的旅游需求。

(二)智慧景区的特征

区别于传统景区和数字景区,智慧景区在景区运营与管理中具有更加突出的智慧化、人性化、综合性、系统性服务功能。智慧景区的特征主要有以下几点。

1. 新一代信息通信技术的应用,突出智慧化

进入 21 世纪,信息通信技术在全球范围内出现了新一轮的

革命,推动各行各业信息化建设的飞跃。旅游业是关联带动性非常强的行业,旅游业与信息技术产业的融合发展自 20 世纪 80 年代开始,至今已经走过了 30 多年的历程,显示了强大的生产力。在计算机网络技术、智能控制技术等已有的数字化技术基础上,加上以云计算、物联网、虚拟现实等技术为代表的前沿技术的应用,为旅游信息化的发展带来了质的飞跃。这些技术在旅游景区的应用,将景区的基础设施、管理模式与理念、游客服务媒介与手段等方面进行了智慧化的转型与升级,极大提升了整个景区的综合水平。突出"智慧",既是对技术设备智慧化的应用,也是对管理者、服务者与被服务者智慧的挖掘。

2. 从游客和景区管理的需求出发,突出人性化

传统景区只是重视经济效益,忽视人的需求,忽视游客的满意度,这从 2012 年"十一"黄金周发生的多家景区爆满,游客怨声沸腾现象中可以看出。这种经营理念已经极不适应景区发展的需求,旅游景区需要转变思想,重视游客体验。

智慧景区建设在数字景区的基础之上,但是简单地将云计算、物联网等新一代信息通信技术直接应用于原有的管理与服务的工具与手段之上,一味地利用最新的技术与机器是曲解了"智慧"的含义,是盲目的从众心理,不考虑与现实情况的匹配程度是不可取的。智慧景区的建设要从景区的可持续发展入手,从游客的需求和景区管理的需求出发,物联网、云技术等新一代信息技术只是实现智慧景区的手段和媒介,而不是目标。

3. 管理提升与技术应用并重,突出综合性

数字景区以及传统的景区信息化建设过分强调信息技术在景区设施设备等物理层面的铺设和应用,忽视对于景区管理"软件"层面的提升,加之景区信息化建设的从众心理,忽视技术的适用性,造成设备闲置、资源浪费的现象屡屡出现。智慧景区不单单停留在前沿技术在景区基础层面的投入,而是将一种智慧化的管理理念与创新的管理模式带入景区,在技术应用的同时考虑到景区的实际情况,考虑到景区管理水平的配套提升,突出综合性。

4. 搭建互通合作机制,突出系统性

目前,许多景区之间以及景区内部各个部门系统之间的团结协作机制还未形成,外部孤立化、内部条块化现象比较普遍。这种现象不仅表现在业务合作上,而且表现在信息沟通与共享上。造成景区的服务效率低下,游客问题得不到及时解决,发展动力不足。因此智慧景区首先要解决的问题就是信息资源的共享。在智慧景区的体系建设中,数据资源库建设是非常必要的,数据库建设不仅实现景区内部各个系统部门在资源上的共享,提升协作,而且在实现景区与其他景区以及政府管理部门、其他旅游企业、游客之间的沟通与资源共享,完善景区内部协作系统的同时,将景区置于一个更大的关联网络中,加强了景区与外部的联系。

二、智慧景区的主要应用系统构成

智慧景区需要通过各类应用系统进行业务的运作,因此,应用系统是支撑智慧景区业务发展的基础。智慧景区应用系统依托景区的 GIS 数据库、旅游资源库、游客信息库、图像数据库以及视频数据库等数据资源,并通过信息共享与服务系统开展业务运行。不同的景区在应用系统的建设方面有着不同的需求,应根据自身的实际需求选择相应的应用系统。目前,根据国内外的发展经验及其相关的研究,智慧景区的主要应用系统包括以下一些子系统。

(一)电子门票系统

门票不仅是游客参观游览的凭证,也是景区向游客提供服务的承诺。利用电子化手段,提高门票管理的水平,进一步提升面向游客的服务,已成为越来越多景区的共同选择。目前,电子门票采用得比较多的是 RFID 卡和二维码形式。其中 RFID 电子门票可使景区及时掌握游客的基本信息以及动态的位置信息,对开展个性化的管理很有帮助,特别是在发生意外时,可根据门票所记录的相关信息进行及时的、有针对性的救援;二维码可借助游客的智能手机进行管理,费用低廉,使用简便,在促销、预订类等门票中有较多的应用。电子门票实现了验票、计票财务核算等业务流程的电子化,不但让游客感到更加方便和满意,而且让景区简化了管理,节省了开支,改善了服务,可以说,电子门票已成为景区智慧化发展的重要选择,代表着门票未来演进的方向。电子门票系统的开发可根据景区的实际需要进行,可从应用二维码开始,逐步向 RFID 等多种方式过渡,最终实现全面电子化的目标。

(二)信息发布系统

向游客以及其他相关人员发布各类动态信息是景区管理中的一项基本职能,建设多渠道融合、多媒体展示、多角度发布的一体化信息发布系统是智慧景区建设的重要内容之一。这一系统使用多种手段接入,包括物联网、移动互联网、移动通信网络(3G、4G)、广电数字互动电视以及呼叫中心等,发布的信息包括静态信息和动态信息两大类型。静态信息包括景区的介绍、游览路线、注意事项以及服务设施提供状况等;动态信息包括各景点的人流、节目演出的时间以及紧急事项通知等。景区的各类信息可借助网络平台、景区 LED 大屏、触摸屏以及游客的移动终端等发布,根据不同的发布载体优化发布方式和内容,以取得最佳的发布效果。

(三)游客管理与服务系统

游客是景区最为宝贵的资源,如何对游客进行科学高效的管理和专业贴心的服务,是所有景区共同面临的任务。游客管理和服务系统基于物联网、移动互联网感应识别和基于位置服务等技术,对游客进行实时和精准的管理。实时采集游客的相关动态数据,并整合其他部门的数据对游客身份等各类信息进行分类和分析,根据游客的相关信息进行高效的管理和专业化的服务,以达到改善管理和优化服务的目的。这一系统包括智慧游客公共服务体系,不但可以提供动态的交通线路、列车班次等信息查询,而且可以在线接收游客投诉并进行反馈;既是景区连接游客的桥梁,也是游客获得景区服务、反馈各类信息的重要渠道。

(四)视频监控系统

视频监控是智慧景区的基本应用之一,主要用于对重点区域、出入口以及事故多发地段等进行动态监控,并利用景区内部署的有线或无线网络将实时场景视频数据传输至景区指挥调度中心,指挥调度中心通过电子屏幕可及时准确地了解景区内游客的数量和动向、重点区域的人流以及突发事件发生状况等各类信息,实现对游客的调控、车辆调配、消防人员调配以及应急救援等,保证指挥、调度和应急决策的正确性、及时性和科学性。比如,当景区人数接近或超过景区可容纳人数的警戒线时,指挥中心应依照情况启动相应应急预案,及时对客流进行疏导,保证景区游客处于安全范围;再比如,当指挥中心在视频中发现不明火情时可立刻到现场查看并做及时处置。可以说,这一系统在充分保障游客权益的同时也为提升景区的管理能力和水平提供了重要的决策依据。

(五)智慧导览系统

游客在景区的服务离不开"四导"(导游、导航、导览和导购)服务,而在智慧景区发展中,智慧导览是其中智慧化应用的重要内容。智慧导览系统不同于常见的电子导游系统,它集成了包括文字、图片、视频以及 3D 虚拟现实等各种信息资源,游客只要根据自己的兴趣选择相应的内容,就可以获得针对性的服务支持,达到自助游览的目的。智慧导览系统既可让游客在自带的智能手机或平板电脑上直接下载安装 APP 应用,也可租用景区专用的智慧导览终端,并可根据实际情况决定是否收费、如何收费。

(六)景区资源与环境管理系统

景区资源与环境的优劣是衡量景区发展水平的关键指标,也是决定景区能否可持续发展的重要因素。利用现代信息通信技术建设智慧化的景区资源与管理系统,是智慧景区建设和发展的新趋势。景区资源与环境管理系统的建设包括以下内容:一是要建立一个景区资源环境监测体系,主要通过物联网、传感器、GPS以及红外感应等技术手段对景区旅游资源的温度、湿度等物理参数进行监测,通过网络传输至数据中心,完成各类景区资源与环境管理数据的全方位采集;二是由人工或者系统自动地对采集到的各类数据进行处理和关联分析,以形成对景区资源与环境进一步优化的相应对策进行建议,从而为旅游景区的建设和规划提供科学依据,保障旅游景区的可持续发展;三是设立景区资源与环境管理的预警系统,通过设定相应监测指标的阈值,对各种风险隐患以及灾害事件进行及时预警和有效处置。

三、智慧景区案例——天安门

2011 年,大地风景国际咨询集团为天安门地区管委会提供了《天安门地区旅游发展咨询报告》。"智慧天安门"是在此报告中提出的"'一主三辅'天安门地区旅游系统"(图 7-2)的核心,能够在提升天安门旅游服务水平、推动多部门管理联动、优化广场旅游秩序、提升旅游设施使用率和提高游赏便捷性等方面发挥重要功能。"智慧天安门"的应用主要表现在以下几个方面。

图 7-2　"一主三辅"天安门地区旅游系统

(一)治理非法一日游

综合运用"智慧天安门"系统,可有效解决信息不对称等问题,对治理天安门地区的"非法一日游"发挥特殊功效。

(1)自动发送欢迎提醒短信。任何持有手机的游客(可选非京号码)在进入天安门地区时就能够收到一条包括以下内容的短信:欢迎来到天安门地区;当日天安门天气、各景点开放时间与动态;公布北京一日游指导价,提醒游客不要相信非法小广告;提醒游客到正规咨询中心和志愿者服务亭咨询;告知免费旅游咨询热线;告知游客可用手机登录 WAP 官网和通过无线网络登录 Web 官网。

(2)方便快捷的网络查询。持有智能手机、平板电脑、IPad、笔记本电脑等便携式设备的游客,能够在天安门通过 WiFi 无线网络登录官方网站和其他网站,查询相关一日游信息,进行实时在线咨询,避免上当受骗。

(3)免费一日游咨询热线。由游客咨询中心建立免费一日游咨询热线,可选择自动应答和人工应答相结合的方式,为游客提供准确的一日游信息。

（二）智能定位导航

（1）公共交通游客。在电子地图上准确实时定位；地铁、公交站点及线路；出租车停靠点位置。

（2）自驾车游客。在电子地图上准确实时定位；显示道路交通流量和拥堵状况；标志停车场位置，并实时发布停车场车位状况；智能定制行车路线。

（三）导游讲解服务

（1）游览点与设施引导。游客可通过无线网络浏览电子地图，了解游览点和厕所、餐厅、购物店、休息区的位置，点击阅读游览点的详细资料，进行参观国家博物馆、人民大会堂的网上预约等。

（2）设计游览线路。游客选择游览点后，系统能自动设计天安门地区游览线路，并计算所需时间和步行距离。

（3）电子讲解。游客除可通过无线网络浏览电子地图和游览节点的详细资料外，还能够通过收音机或带收音机功能的手机收听智能讲解广播，在走进特定游览点时系统自动切换到相应的讲解。

（四）游客时空分流管理

（1）出入口和主要节点显示屏。实时显示各游览点的游客数量和拥挤状况，比如，毛主席纪念堂、天安门城楼、人民大会堂和国家博物馆的排队人数，各休息区的状况。引导游客选择先游览人数较少的游览点。

（2）网络。游客通过 WiFi 无线网络、有线网络在天安门旅游官网上能够及时了解游览点和休息区的实况信息，相关信息也能够智能地在电子地图上显示。

（3）短信通知和广播播报。在某节点游客量达到设定数量时，系统自动发送短信通知，提醒游客优先选择其他游览点。游客通过收音机或带收音机功能的手机,也能够收听到相应的通知。

(五)环境监测与管理自动化

(1)防暑降温。当传感器检测到广场气温超过 32℃ 或地面温度超过 45℃ 时,广场上的降温喷雾装置自动启动。还可增设临时遮阴设施和活动座椅。

(2)垃圾清理。系统能够即时检测到游客的实时分布,从而合理分配环卫工作人员和保洁快速捡拾车。在某垃圾桶垃圾装满时,能自动通知就近环卫人员清理。环卫人员也能够通过手持设备了解周边垃圾桶动态。

(3)应急处理。在发生紧急情况的时候,能够自动预警。并对情况进行分析,为管理决策人员提供依据。在启动应急响应之后,系统能够根据应急响应等级,自动迅速通知相关责任人,提高应急处理快速反应能力。

(4)可视化管理。管理人员在监控显示墙上,能够看到广场各处的监控实况、游客分布与行为特征,显示安保人员、环卫人员、志愿者、流动购物车等的实时位置。根据情况的变化,采取应对措施,通过系统发出指令进行人员和设施调配。

第三节　智慧酒店

一、智慧酒店的内涵

(一)智慧酒店的概念

智慧酒店建设起源于酒店信息化的发展。互联网时代背景下酒店客户更加追求差异奇特、舒适享受、愉悦自由的生活方式,要求酒店提供更多的智能化产品与更加快捷的服务,因此,酒店餐饮、客房、康体、娱乐、销售、技术等多个部门智慧化管理与运营模式也应运而生。智慧酒店是指酒店的产品、服务、管理技术的信息化与智能化。智能化所带来的定制化、差异化、个性化、人性化的酒店产品和服务为酒店业带来创新与发展的机遇；智慧化使酒店的管理更加科学、更加有效率，也更加具有个性。

从 20 世纪 60—70 年代的数据处理开始的酒店信息化发展。随着个人电脑的发展，20 世纪 80—90 年代国内外小型机多用户系统开发成功；80 年代末到 90 年代初，随着互联网的发展，国际 Fidelio、Lanmark，国内华仪、西软、中软出现，开始进入文件服务器时代。随着现代科学技术的广泛使用，酒店房态管理、排房结账等事务基本用上了酒店管理软件，随后逐步增加了客房管理、财务审核、权限控制等内容。进入 21 世纪后，从桌面互联网到 2009 年手机等移动互联网的出现，酒店信息化管理也进入一个全新的发展阶段，互联网由 Web1.0 发展到 2004 年以社交与交易平台为标志的 Web2.0，标志着互联网经济的转折，目前使用的人与人广泛连接以及线上线下 O2O 闭环的 Web3.0，也使社会发生了巨大的改变。而随着下一代互联网 Web4.0，甚至泛在网的出现，人类与万物相连将更加全面与深化。从 20 世纪 90 年代末到 21 世纪初，国际主要酒店多数使用 Fidelio/Opera 以及国内西软、中软、泰能、千里马、华仪等软件管理系统。2010 年后，国际 Micros Opera V9，国内绿云、住哲、罗盘、别样红、佳驰也在广泛被使用。2011 年后，随着智能手机迅速普及，传统旅游电商开始尝试移动化，线下酒店通过信息化和大数据分析的方式，使用"智慧酒店"等解决方案，实现智能化发展，直至 2012 年智慧旅游理念普及与范例的出现，使得智慧酒店成为酒店行业的新宠。

云计算服务方式是智慧酒店信息化平台构成，即基础架构 IaaS（基础设施即服务），软件使用 SaaS（Software-as-a-Service，软件即服务）以及 PaaS（Platform-as-a-Service，平台即服务），并通过这些服务软件与平台将酒店各系统的管理、营销和服务集成在一起，实现对客服务的尽善尽美。2012 年 5 月 10 日发布的《北京智慧酒店建设范例(试行)》对"智慧酒店"下了一个定义:利用物联网、云计算、移动互联、信息智能终端等新一代信息技术,通过酒店内各类旅游信息的自动感知、及时传送和数据挖掘分析,实现酒店"食、住、行、游、购、娱"旅游六大要素的电子化、信息化和智能化,最终为旅客提供舒适便捷的体验和服务。智慧酒店涵盖了酒店从设计建造,营销宣传,接待方式,人、财、物等各类管理模式,为住店客户提供更加便捷、智能化、个性化的产品与服务。

(二)智慧酒店的实现意义

第一,智慧酒店实现了酒店信息管理的数据集中化、应用一体化、管理平台化,更为前后台一体化、大数据挖掘、电子商务的开展提供了有力支撑。智慧酒店产品推介的基础是酒店信息化建设,主要分为前台信息化、后台信息化和综合集成信息化三个方面。智慧酒店实现了远程登记、自动身份辨别、自动付款,一卡通与指示牌自动引导入住,按需设置客房环境与客户要求。酒店的互联硬件如微信开门有云柚科技的产品,空调管家有脉恩多能产品,酒店客控有幻腾智能的产品,酒店自助入住有复创科技的产品。酒店云平台有绿云科技的产品,酒店大数据有众芸科技的产品,酒店云数据有西软科技的产品。酒店云平台的建设可以更加方便地与管理系统各部分相连,智能化部署及维护,精控各项成本,及时掌握诸如酒店服务器与机房设施的能源消耗,快捷、便利的管理控制功能更是大大地节省人力、物力和时间成本;同时,也实现了更好地向住店客人提供周到、便捷、舒适、智能化的服务。

第二,智慧酒店将不同酒店的硬件设施如装潢、客房数量与客房设施等质量和价格优势转变为及时、个性化、多元化、准确、质量和管理效率等功能优势的竞争,使不同酒店的综合服务成为竞争焦点。智慧酒店除了智能迎宾、接待、智能化的设施与人性化的设计之外,还能显著降低酒店运营成本、增加网络预订、提高营业收入增长点,对各类酒店信息加大了收集、分析、存储、调用、更新和集成的力度,整合与优化了酒店资源,在酒店内外实现互联互通,提高管理效率与核心竞争力。

第三,智慧酒店通过自身的网络销售渠道以及与在线旅游商的合作,大大增加了客户群,提高了酒店的规模优势和营销的范围优势。智慧酒店颠覆了传统意义上的酒店场所的许多功能,如由于移动网络的发展,酒店大堂完全不需要设立前台,同时大堂还可以成为各种非正式会议与活动的社交场所;智能网络设施设备及相应的应用软件,可以充分满足客户在酒店形成多样的娱乐生活及与外界的交往沟通;而客户的自助入住、预订产品及其消费账单与结账手续更是完全实现智能化。此外,酒店的智能化照明、温控、洗涤、节能减排系统、手机 APP 软件使用均可以更高效地工作。

总的来看,智慧酒店今后的发展,将向精品酒店、单体商务连锁酒店、家庭旅馆、民俗主题酒店等创新扩展,同时,使用智能机器人服务,自动识别客人需求,智慧酒店将真正成为未来时尚生活的典范。

二、智慧酒店的主要应用系统

智慧酒店是一个复杂的系统,各类智慧的应用是智慧酒店的灵魂所在。目前,酒店的智慧应用系统主要包括智慧宾客系统、智慧服务系统、智慧内部管理系统和智慧客房管理系统四个子系统。

(一)智慧宾客系统

酒店是为宾客提供住宿服务的场所,宾客体验的智慧化程度是智慧酒店发展的首要议题。智慧宾客系统以满足宾客的服务需求、提升宾客的智慧体验为中心,通过互联网、移动通信、物联网以及云计算等技术的应用,让宾客能够方便快捷地完成酒店的预订、入住登记以及退房离店等各项手续,充分享受智慧酒店带给宾客的乐趣和便利。

1. 预订和退订酒店

酒店的预订和退订是宾客最为关注的基本服务,也是体现酒店智慧化程度的重要标志。目前,越来越多的酒店已经意识到方便客户预订和退订酒店的重要性。对智慧酒店而言,一方面要充分利用目前已具有成熟模式和良好基础的第三方预订平台,如携程、同程、途牛等;另一方面应开发自己独立的客房预订系统,方便宾客通过实名认证等方式办理相关业务,同时也便于酒店更好地对宾客进行长期的管理。

2. 智慧引导宾客

宾客每当进入一家新的酒店后,总会感到比较陌生,尤其是规模比较大、结构比较复杂的酒店。如何在最短的时间内到达自己入住的房间,并能方便地找到相关服务的场所和人员,是宾客非常关心的问题。利用物联网结合移动通信等技术,通过感知等手段为宾客提供酒店内部的位置定位和目的地引导服务,既可以为宾客带来方便,又可减少酒店在引导服务方面的人力和物力的投入,使酒店和宾客共同受益。

3. 宾客自助离店

结算如何方便快捷地让宾客离店是体现酒店管理水平和服务能力的重要标志,很多酒店对这一问题还没有引起应有的重视,导致不少宾客花了很多时间办理离店手续,使其觉得自己不受尊重和信任,从而对酒店产生不满。我国酒店的退房结算制度烦琐,主要有三个方面的原因:一是宾客住宿期间的签单需要结算,比如餐饮、娱乐等;二是部分宾客需要开具发票;三是酒店怕酒店内的物品被宾客顺手牵羊,因而必须对房间进行逐一检查。针对以上三个方面的原因,酒店可利用智慧化的手段进行针对性的改进,包括宾客消费的实时结算、宾客个人信息的动态记录以及酒店物品的智慧管理等,提高宾客离店结算的效率,提高面向宾客离店服务的质量,进一步凸显智慧酒店的价值。

(二)智慧服务系统

服务是酒店的命脉,是关系到酒店市场适应能力和竞争实力的首要指标。因此,智慧服务系统建设是智慧酒店发展的重中之重。智慧服务系统的建设内容包括以下五个方面。

1. 智能识别系统

宾客是酒店服务的主体,如何更好地为宾客提供个性化和人性化的服务,是酒店努力的目标。现代酒店服务涉及的信息广泛而复杂,服务环节的增多更会导致信息传递过程中的损失,进而直接导致服务失败和宾客的不满。对客户进行智能识别,并能针对特定宾客提供个性化的服务,是智慧酒店提供智慧服务的重要条件。宾客智能识别可采用无线射频身份卡、智能手机等,通过实时的感应,让酒店服务人员及时了解所服务的宾客是谁,他们有哪些个人喜好以及他们在酒店消费的历史数据等。在对宾客进行自动识别的基础上,为宾客提供更加体贴入微的服务。

2. 智能服务系统

客人住店期间有各种各样的服务需求,这种信息在传统的酒店管理环节往往经过多次传递而无法及时完成,甚至因此而招来投诉。利用智慧化的手段实现宾客信息在酒店各个环节的共享,进而提供面向宾客的一体化智能服务。当宾客的个人信息和服务需求信息提交给服务中心,服务中心按服务分工将相关信息传递给相关的服务部门和人员,对应的服务人员就能及时完整地理解客户的需求,并提供针对性的服务。服务完成后服务人员向服务中心确认完成,而服务中心则会征询客人意见,形成一个完整的服务闭环。这样整个服务过程就不会出现信息的损耗,可以说实现了"宾客—服务中心—服务部门—服务人员"之间的完美融合,达到了理想的智能化服务的效果。

3. 智能点餐服务系统

为宾客提供餐饮服务是很多酒店的基本业务,但如何使客人点餐方便,是个需要认真对待的问题。目前已有一些酒店开始提供智能点餐服务系统,并取得了良好的应用效果。这一系统一般利用联网的平板电脑实现客户的点餐操作和前台的结算系统以及后厨的配菜系统互联,实现点餐信息的实时共享,既可以为用餐客人带来极大的点餐便利,又可以为酒店带来更高的效率,同时还可以显著地提升自身的服务水平。

4. 智能票务服务系统

客人入住酒店以后,免不了有各种票务服务的需求,譬如当地旅游景点的门票、车票、机票等。尽管宾客通过多种渠道可以获得相应的服务,但智慧酒店应该为宾客提供全方位的智能票务服务,并根据宾客各自的出行出游需求提供针对性的票务服务。

5. 智能会议管理系统

在一些级别比较高、规模比较大的酒店一般都提供会议服务,为客户以及自身召开会议提供支撑。智能会议管理系统可以为会议的组织与管理提供全方位的服务,简化会议管理的流程,提高会议组织的效率。智能会议管理系统包括参会人员自动签到、会议室智能管理、音视频智能传输、参会人员行为智能分析等。此系统使酒店的会议管理水平和服务能力得到显著提升,同时也进一步提升了酒店服务客户的能力。

(三)智慧客房管理系统

客房是酒店最重要的基础设施,也是宾客体验酒店服务的主要场所。智慧客房管理系统通过现代信息通信技术在客房管理中的应用,全面提升客房管理的水平,进一步改善面向宾客的服务。智慧客房管理系统主要的建设内容包括以下四个方面。

1. 智能门禁系统

门禁系统是宾客和工作人员出入客房的主要载体,如何在确保安全的前提下尽可能为宾客和工作人员提供方便是门禁系统首先要考虑的问题。当前来看,有越来越多的酒店使用了带有RFID芯片的门禁系统,这类系统跟原有的接触式磁卡系统等相比有了较大的进步,但在实际使用中仍然存在安全性不够高、容易受手机干扰导致的消磁、携带不便以及容易丢失等问题。具备条件的酒店可探索利用生物技术、信息通信技术等,进一步提高门禁系统的方便性、安全性和可靠性,为宾客创造更大的便捷。

2. 智能灯光、温度控制系统

灯光和室内温度的调控是酒店客房管理的重要内容,利用智慧化的手段可以有效地管理和控制酒店的照明和温度。利用客房智慧管理系统,宾客可根据自己的需要设定适合自己的灯光和温度。一旦宾客离开,客房会自动关闭所有设备,以尽量缩减能源开支;宾客回房间后,系统就会自动"唤醒"原先的设置参数,免去宾客反复设置和调试的麻烦。

3. 电视智慧服务系统

电视可以说是酒店每间客房的标配。充分利用电视这一媒介,是智慧客房管理的基本思路。宾客进入房间后,电视能自动选择以母语欢迎客人入住,并能自动弹出客人上次入住时常看的频道;能动态显示酒店所在地天气变化状况;为客人提供点餐服务;当客房外有人敲门时电视能自动显示来访者的图像;当宾客需要购物时,电视作为在线的购物中心,为宾客提供购物的便利。由此可见,电视作为客房智慧管理的重要接口,可以发挥出重要而又独特的作用。

4.智能化的互联网接入服务

互联网接入服务已越来越成为客房的基本功能。智能化的互联网接入服务可以为宾客携带的笔记本电脑、智能手机、平板电脑等需要上网的设备提供自动的身份认证和快速接入互联网的服务。目前,越来越多的酒店在客房中开通了有线接入互联网的服务,但很多酒店还没有开通无线接入的服务,有的即使开通了但由于认证复杂或者速度太慢而遭宾客不满。因此,智能化的互联网接入必须围绕方便和快捷下功夫,为宾客尽可能提供高水平的互联网接入,进一步凸显智慧酒店和智慧客房的实际应用价值。

(四)智慧内部管理系统

酒店内部的管理是酒店服务力和竞争力的内核,是决定酒店竞争力的关键因素之一。利用现代信息通信技术实现智慧化的内部管理,对提升酒店的管理能力有着重要的意义。酒店智慧内部管理主要涉及以下三个方面。

1.酒店员工的智慧化管理

员工既是酒店服务提供的主体,也是酒店最为宝贵的资源。利用现代信息通信技术实现对员工的智慧化管理,不但可以有效提升员工的工作效率、降低人员成本,而且能提高员工的素质,促进员工之间的合作与交流。员工的智慧化管理通过建设智慧化学习系统、员工个人身份识别系统以及个性化绩效考评系统等方式,为员工的学习、合作和个人发展提供全方位的支持。

2.作业流程的智慧化管理

酒店作业流程是酒店提供各类服务的基本依据,流程是否规范、高效、整合,直接影响酒店服务的水准。物联网、移动互联网等技术的应用使酒店作业的流程更加清晰、简洁、顺畅和科学,在提升作业效率、降低作业成本的同时,为宾客提供更加卓越的服务。

3. 酒店资产的智慧化管理

每一个酒店都有不同数量的各类资产,如何对资产进行有效的管理,对资产作用的发挥有着重要的关系。酒店资产的智慧化管理包含静态管理和动态管理两个方面:静态管理侧重于对资产基本信息的管理,比如对酒店内部设施、电脑设备等资产信息的采集与规范化的管理;动态信息则主要针对各类作业资产运营状态的动态实时监控和管理,比如对处在服务状态的车辆、游泳池、音响等实现作业状态的实时数据或图像的采集和共享,以便能对作业状态进行有效的控制,防止一些意外状况的出现,同时也可有效提高资产的利用率。

三、智慧酒店案例——东京半岛智慧酒店

东京是全球重要的旅游城市,半岛酒店是地处东京核心区的知名酒店,在智慧酒店建设方面,已取得了较为明显的成效。

(一)智慧酒店的概况

半岛酒店的总部位于中国香港,在马尼拉、纽约、芝加哥等7处皆以世界最高水平的半岛酒店服务闻名,东京半岛酒店是其全球第8家分支机构。东京半岛酒店坐落于东京丸之内商业区,与京都御花园隔街相望,距离银座购物中心仅几分钟的路程,距离成田机场68千米、羽田机场20千米。

半岛酒店在2007年9月1日隆重开业,设有314间客房(其中包括47间套房)、5间餐厅、1间酒吧、2个宴会厅、6间多功能房、婚礼小教堂、传统日式礼堂、健身中心、半岛水疗中心,还拥有由劳斯莱斯和宝马豪华轿车组成的车队。半岛酒店由于拥有无与伦比的城市景观、奢华舒适的住宿、精良先进的设施、品质非凡的餐饮以及富有传奇色彩的半岛酒店服务,所以在国际上备受商务人士和旅游人士的青睐。

东京半岛酒店是全世界唯一一家设有内部研发部门的酒店，共有 20 名工程师不断为客人开发最人性化的智能科技服务，成为全球智慧酒店建设的重要实践者。

（二）智慧的网络环境

东京半岛酒店是业界最早开展无线管理和服务的酒店之一，首创整合语音、数据，且覆盖全酒店的 WLAN 环境，营造了十分独特的智慧管理和服务环境。该系统最大的特点在于把在酒店内可作为无线内线电话使用、在酒店外可作为手机使用的无线 LANDUAL 终端 N902iL 设置在全部客房内，并配备给全体服务人员，总数达到 450 台，使客人无论在酒店内部或外部都能和酒店服务人员取得联系，也可在客人退房时结算话费，可以实现和客户的快速沟通，从而满足客户全方位的要求，因此在顾客服务上获得了乘数效应。

其具体做法如下：在整个酒店部署了支持 DoCoMo FOMA 移动通信网络和思科统一无线网络间无缝连接的网络，网络的覆盖率达到 99.9%。该网络允许用户使用同一号码接入办公室语音信箱、移动语音接入以及其他移动应用。移动终端和思科统一无线网络都支持 54 Mbps WiFi 标准 IEE80211g 和 IEE80211e，可以确保基于无线局域网的语音业务质量。在办公室之外，N902iL 可以通过 DoCoMo FOMA 网络操作，利用思科的移动统一通信系统接收来自办公室的电话。

NEC 公司负责建设这一项目，方案以 P 语音服务器 UNIVERGE SV7000 为核心，建成了以无线基地台 UNIVERGE WI1500-AP 整合语音及数据的无线 P 网络，再加上采用在移动电话 FOMA/WLAN 双模手机的 N902iL，实现了馆内使用无线内线电话、馆外使用移动电话的设想。

在信息安全方面，N902iL 终端采用了防止误用、数据保护等方法，并针对 UNIVERGE SV000 的用户采取了身份认证功能、加密功能及防止未经授权造访网络等措施。此外，在每一台交换机上的各个按键也设定了语音、数据传输时不会相互干扰的功能。再者,从馆外使用移动电话拨打外线时设置了计费系统,拨打时加按房号及移动电话号码,计费系统即开始计算,可以方便地对宾客通信消费进行准确的计价。

(三)丰富多样的智慧服务

半岛酒店通过打造独特的智慧网络环境,结合自身的实际情况,面向宾客提供了多种体贴入微的服务,具体有:酒店客房内部提供了各种功能的按钮,按下按钮便会显示室外天气和湿度,能够为客人出游提供穿衣建议;按下转换按钮能够根据客人所属国籍设定环境为其母语(如电话提示音、房间内提示);如果有电话响起时,房间内的广播和电视都会自动变成静音,而且只需按下按钮就能免提接听。

客房的灯光系统是智能系统,能够根据客人入住时间自动调节灯光的亮度。浴室中,声音系统、灯光系统与浴室周边结合,可以随着心情、水温、水声而变化灯光的颜色及柔和度,而且只要一键操作就可将浴室转化为水疗环境。酒店还提供特色洗衣服务:宾客将盥洗衣物投入客房内的洗衣箱,按下服务铃,服务人员不需进入客房而通过 N902iL 传递的信息即可迅速提供服务。

第四节　智慧旅行社

一、智慧旅行社的内涵

(一)智慧旅行社的概念和特点

智慧旅行社是指利用互联网,融线上线下旅游资源与精准化服务为一体,基于云平台,以大数据为驱动,以手机端为核心载体,与财务、营销、服务系统等各方实现无缝对接的一种旅行社新模式,目的是实现全业务、全方位在线功能,提高行业的服务效率和服务水平。智慧旅行社主要具有融合性、便捷性、低成本性、智能化、平台化、社交化、移动化、可视化、大数据化等特征。

传统旅行社(TA)、在线旅行社(OTA)与智慧旅行社(ITA)在客源地的范围、接待与经营方式、从业人员素质、依托的设备与技能手段、经营业态等方面都有着本质的区别。主要表现如下:传统旅行社(TA)与在线旅行社(OTA)客源地多以国内和本地区为主,接待与经营方式以旅游组团、接待、旅游预订营销为主;从业人员具有旅游业务经验;以线下服务或以基于互联网的线上服务为主;利用传统的手工作业或辅助电脑系统;经营方式以门店和客户营销及网络营销为主。而智慧旅行社更多面向全球客源地,以旅游资源整合发布、旅游预订营销和有创新精神和掌握新技术的高技术从业人才为主;基于电子商务平台和便携的终端上网设备开展业务,以移动互联网营销为主。智慧旅行社综合采取O2O、B2C、B2B等形式,通过线上线下,不同手段、不同方式进行旅行社产品的预订、签约与交易。O2O模式实现线上完成交易,线下消费体验,同时具有在线数据、在线通信、在线互动、在线体验、在线呼叫平台、在线支付、在线销售、在线操作的特点。OTS则是以旅游线路及旅途服务类产品经营为主,如线上携程、驴妈妈、去哪儿、八爪鱼等。

(二)智慧旅行社的意义

第一,智慧旅行社客观上修正了传统旅游产业模式出现的供需不平衡、旅游淡旺季、"零负团费"现象等瓶颈问题,加速了传统旅游行业和旅行社的整合,降低了交易成本,削弱了旅行社信息垄断,提高了旅行运营的效率,更好地满足了旅游者个性化、多样化与网络化的要求。当然,传统旅行社的产品制造及后端服务是线上旅行企业无法取代的,而线上旅行企业的分销功能及产品多样化也是线下旅行社的痛点。因此,智慧旅行社需要结合线上线下，以客户需要为核心，以提高旅游服务水平和服务质量为根本。

第二，智慧旅行社可以实时掌控境内外团队及导游领队、导游轨迹等跟踪信息，并随时对带团质量进行监控，进行游客咨询管理，及时对游客的意见进行反馈处理，为旅游服务品质和导游领队评级定薪提供依据。

二、智慧旅行社的建设

(一)智慧旅行社的基础架构

1. 云计算

智慧旅行社的云计算建设须同时包含云计算平台和云计算应用。目前，在智慧旅行社的实践中，常常混淆了云计算平台与云计算应用这两个概念。例如，"旅游云""旅游云计算""旅游云计算平台"等。实际上，云平台具有某种程度的应用无关性，因此，对智慧旅行社的云计算应用研究应侧重于云计算应用，比如说，如何将大量甚至海量的旅游信息进行整合并存放于数据中心，如何构建可供旅游者和旅游组织(企业、公共管理与服务等)获取、存储、处理、交换、查询、分析、利用的各种旅游应用(信息查询、网上预订、支付等)。从某种程度上讲，云计算在智慧旅行社中的应用主要体现在旅游资源与社会资源的共享与充分利用上。

2. 物联网及泛在网

物联网，是新一代信息技术的重要组成部分。物联网的英文名称叫"The Internet of Things"。顾名思义，物联网就是"物物相连的互联网"。这有两层意思：第一，物联网的核和基础仍然是互联网，是在互联网基础上延伸和扩展的网络；第二，其用户端延伸和扩展到了任何物体与物体之间，进行信息交换和通信。因此，物联网的定义是：通过射频识别(RFID)、红外感应器、全球定位系统激光扫描器等信息传感设备,按约定的协议,把任何物体与互联网相连接,进行信息交换和通信,以实现对物体的智能化识别、定位、跟踪、监控和管理的一种网络。旅行社可以将物联网技术运用到景区的安全管理、客流即时测定、游客消费行为研究等方面。

智慧旅行社中的物联网可以理解为互联网旅游应用的扩展以及泛在网的旅游应用形式。如果称基于互联网技术的旅游应用为"线上旅游",那么,基于物联网技术的旅游应用则可称为同时涵盖"线上"与"线下"的"线上线下旅游"。物联网技术突破了互联网应用的"在线"局限,而这种突破是适应旅游者的移动以及非在线特征的。泛在网是指无所不在的网络,即基于个人和社会的需求,利用现有的和新的网络技术,实现人与人、人与物、物与物之间无所不在的按需进行的信息获取、传递、存储、认知、决策及使用等的综合服务网络体系。

基于物联网的旅游应用的"线上""线下"融合体现了泛在网"无所不在"的本质特征,而这种本质也是适应旅游者的动态与移动特征的。

(二)智慧旅行社的商业模式

1. 品牌营利模式

品牌营利模式是指在一个生意的日常经营管理中,经营者始终以品牌产品作为利润的生成和产出的载体,企业所有经营要素均是围绕品牌产品差异化来进行培育和配置的。

2. 规模营利模式

规模营利模式是指在企业或者商业的发展过程中,把扩大市场空间或者经营范围作为对抗竞争、获取利润的基本保障的生意经营思路。如携程即是规模营利模式的一个典型案例。

3. 服务营利模式

通过提供顾客需求的服务,或在产品中增加或创新服务的方式来为产品增值,从而更有效地满足顾客利益的一种营利模式。这在零售行业中应用较为广泛,零售行业本身不能为顾客提供决定产品的质量等物质价值,但是能够决定产品到达消费者手中的方式和途径,服务的水平、形式、内容往往能够为产品增加价值,在营利要素的占比中服务所占的比例是很大的。

4. 战略联盟营利模式

旅游产业涉及众多行业和企业,各地的旅游产业虽然都具有一定的影响力和竞争力,但是存在着企业规模小、经营分散、缺乏核心经营战略、营利模式过于单一等问题,造成这些问题的深层次原因是缺乏产业的有效整合。要进一步扩大旅游产业,关键是要整合产业资源,当务之急是建立战略联盟。

三、智慧旅行社案例——杭州信达国际旅行社

(一)公司介绍

杭州信达国际旅行社有限公司是杭州市优秀旅行社,公司位于杭州最中心的武林商圈朝晖路,是经国家旅游局、工商局正式批准注册,具有独立法人资格的旅行社。公司主要经营会议会展、旅游度假、票务预订等业务;为客户提供杭州旅游、国内旅游、华东地接旅游、公司旅游、自助游、会议接待,以及酒店预订、机票预订、景区门票预订等服务,为顾客提供真正意义上的一站式旅游服务。

该公司进入旅游市场以来,获得各方的广泛好评,发展迅速,被评为浙江省公众满意—质量诚信双优单位、杭州市大学生实训基地、杭州市平安示范旅行社等;有多次接待千人会议、千人旅游

的经验,并与全球 500 强中的多家企业签订长期供应商协议,上海世博会期间该旅行社是可以直接出票的票务代理旅行社之一。这几年,该公司围绕电子商务,业务在线化、管理在线化、服务在线化发展迅速,积极应用移动互联网,开展有效的网络营销和移动服务,获得了游客的一致好评。图 7-3 是该公司的门户网站首页。

图 7-3　信达国旅的电子商务门户网站

(二)信达国旅智慧建设概况

杭州信达国际旅行社开展智慧建设,主要围绕门户网站的建设以及网络渠道的建设推进,积极探索门户网站的电子商务模式以及第三方在线代理商渠道的建设与优化,同时利用第三方平台开设旅游电子商务网店。

该旅行社网络部经理指出,由于电子商务网站平台有游客足迹遗留,可方便与客户取得联系,了解客户满意度,旅行社应发挥电子商务的能力和技术优势满足游客四大主要需求,即及时准确的信息提供、有效和持续的沟通、安全无缝的在线交易、有效和持久的客户关系管理系统,通过网站实现对游客的智慧跟踪和智慧服务。对于客户来说,通过旅行社电子商务的开展,旅行社能够提供实时的信息服务、信息交互以及直接的网络交易。

1. 旅行社自建门户网站

旅行社自建网站的优点是品牌唯一，无须给第三方佣金，对旅行社长久发展、在线组团、品牌自身推广有优势，但是由于智慧型网站建设成本高，团队人员需具备高素质，旅行社进入门槛较高，需要时间培育网络品牌。目前，该旅行社由于资金、人力的原因，自建门户网站投入较少，智慧服务的效果并不理想。

2. 旅行社依靠第三方在线代理商渠道销售产品

该模式的优点是成本、团队及门槛等要求较低，品牌见效快。缺点是品牌共享，如旅行社选择消费者使用较多的携程、艺龙、去哪儿、驴妈妈及飞猪旅行等第三方在线旅行预订代理商进行产品推广时，其中有些网站并未提及产品由该旅行社提供；另外，对于市场数据和业务数据旅行社无法自己掌控，利用这些渠道旅行社最多能提供一些智慧服务，而旅行社的智慧管理无法实现。因此，此模式不利于旅行社自身品牌的推广和建设。

3. 第三方平台开设旅游网店

该模式的优点也是成本、团队及门槛等要求较低，并且相比第三方在线代理商，更有利于品牌推广。但是在淘宝网等第三方平台上维护旅游网店的信誉以及搜索排行需要花费大量的精力，以提高网店自身的被搜索能力。

目前旅行社的客户来源主要是从线上发展为长期客户。线下的客户都是常客，主要以老年人为主。在日常的客户关系管理中，旅行社也要在网络上建立客户关系的管理系统，以实现对客户的在线服务和在线管理。

第八章　新时期旅游行业管理研究

党的十八大以来,党和国家事业取得了历史性成就、发生了历史性变革。我国旅游业发展也取得了历史性成绩、发生了历史性变革。在新时期,互联网的发展,旅游产业信息化的发展,给我国旅游业管理带来了挑战,旅游业管理也需要与时俱进,革新管理方式。

第一节　旅游行业管理概况

一、世界旅游行业管理模式

世界各国(地区)旅游行业管理的模式主要有以下三种:

第一,政府主导模式。旅游管理部门作为政府行政权力机构,代表政府行使行政权力,采用这种模式的有美国商务部旅行游览管理局、瑞士国家旅游局、泰王国旅游局等。

第二,协会管理模式。旅游管理部门以半官方协会或民间协会的形式出现,采用这种模式的如中国香港旅游协会。

第三,公司管理模式。成立全国旅游总公司,按企业集团的管理方式对旅游企业实施管理,如韩国旅游总公司等。

我国旅游行业管理采用的模式是政府主导式,国家及省、市各级旅游主管部门管理制定旅游行业发展规划、旅游资源开发规划和项目审批、旅游市场准入、旅游市场检查监督、旅游企业市场行为的规范惩戒、旅游市场服务、旅游安全管理、旅游统计、旅游促销等行业管理工作的方方面面。在政府的主持之下,成立了各级旅游协会、旅游饭店协会、旅行社协会、旅游车船协会等行业组织,但从人员安排、经费来源和协会职能上来看,协会一般依附于各级旅游局,或政府通过购买服务来实施管理。

政府主导的旅游行业管理,为我国旅游发展初级阶段突破常规、超前发展创造了一个有利的社会综合环境。与其他两种管理模式相比,政府主导模式的优势表现在以下三个方面:

一是协调能力强。旅游是一个关联性、综合性很强的产业,公安、文物、环卫、城建、规划、宗教、园林、工商、物价等部门可以成为旅游业发展的推进者,也可以成为旅游业发展的制约因素,协调各部门全面运转。

二是管理直接有效。政府根据行业发展情况制定市场法规,政府拥有的项目审批权、许可证颁发权在控制市场规模、规范市场行为上,强硬有力,效果明显。

三是集中力量办大事。依靠税收、建立旅游发展基金,各级政府有充足的资金实力,能够组织大型的对外宣传促销活动。

二、我国旅游行业管理的主体

旅游行业管理的主体主要分为两类:第一类是旅游行政组织,具体包括国家旅游局、省/自治区和直辖市的旅游局、地级市/县的旅游局;第二类是旅游行业协会,具体包括世界旅游协会、国家旅游协会和地方旅游协会(图8-1)。

(一)政府行政管理

随着旅游业的不断发展,其市场竞争变得日益激烈,政府的主要职能之一就是在遵守市场规律的条件下,通过制定法律法规来规范市场经营行为、稳定市场和引领市场健康可持续发展,避免不良市场竞争行为的出现。

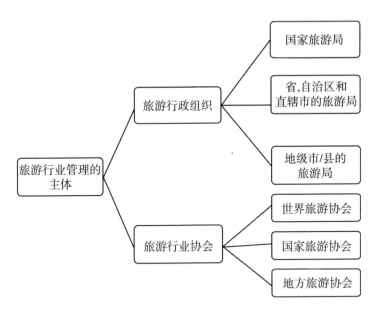

图 8-1 旅游行业管理的主体

旅游活动是一项复杂的经济社会活动。有时旅游过程中出现问题后,谁来监管的问题会搞不清楚。并非凡是与旅游相关的事情都由旅游局负责。

从如图 8-2 所示中可以看出,"吃、住、行、游、购、娱"旅游六要素经过旅行社、在线企业、要素企业 APP 打包后,进入消费环节。在消费环节,除旅游商品是售后服务外,其他"吃、住、行、游、娱"都属于即时现场服务类消费,现实的服务还是在原来产业链上的延伸,服务主体没有改变。

因此,市场的规范和监管主体(政府或协会)应由行业管理主体继续实施管理,这也表明了旅游消费环节管理的复杂性和多元主体状况。

第一,政府通过制定一系列法律政策,为旅游管理奠定法律基础。政府在制定科学合理的法律政策时,能在一定程度上起到稳定社会生活的作用,有利于规范宏观调控行为。政府执行政策的过程中具有权威性、直接性以及强制性等,政府出台政策的过程也是旅游业地位得到提升的过程。旅游业在政府政策的带动下,呈现良好的发展态势。从某种意义上来说,政府系列政策的制定,为旅游服务业提供了一个高水平、高集中度且有组织、有计划的一体化政策体系,有利于旅游业的稳定发展。

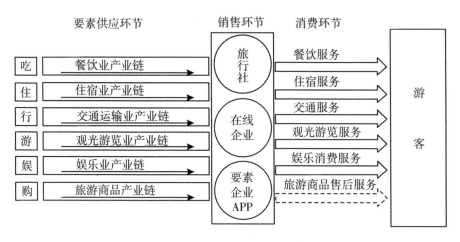

图 8-2 互联网时代旅游产业结构

第二,政府制定旅游市场法规、条例和规定,为旅游管理提供政策保障。政府对旅游业进行宏观调控的一大重要手段,就是通过制定旅游市场法规、条例和规定,营造健康有序、良好的旅游发展环境,以强化旅游管理水平。

第三,政府通过宏观调控,为旅游管理制定旅游总体规划。旅游业是综合性很强的一门服务产业,其由核心旅游业和辅助旅游业共同组成,要想促进旅游业的长久稳定发展,必须要建立一个权威性的旅游管理部门对旅游业的各方面工作进行规划、指导和执行。其中旅游管理部门的旅游总体规划是旅游发展的核心,是旅游业得以健康、稳定、可持续发展的根本。政府通过宏观调控,制定科学合理的旅游总体规划,给旅游业的发展指明了目标与发展思路,使得旅游管理工作人员有计划、有组织地发展旅游产业。

第四,政府合理开发与保护当地的旅游资源,促进旅游业可持续发展。旅游资源的开发必须要遵守自然发展规律,以保护自然为前提,与此同时,也必须兼顾旅游经济效益与人文效益。

各级政府都十分重视旅游业的可持续发展,在开发旅游资源的过程中,做到开发与保护相互结合,既不破坏自然资源、文化资源以及其他相关旅游资源,又能给予资金支持对自然环境的保护,使旅游业得以可持续发展,满足旅游者的多样化精神需求,还能满足当地居民经济发展的需要,这给旅游管理带来了一定的方便。

第五,政府提供公共性服务,为旅游管理收集和发布旅游信息。旅游业需要市场中介服务的协助才能有效完成旅游管理工作。然而,现阶段旅游市场中介服务体系尚未完善,大多数公共性服务仍需政府来承担,为旅游管理的开展收集和提供旅游信息。

第六,政府资金启动社会投资,推动旅游市场发展。政府启动社会投资对旅游市场进行投资与政府财政拨款包揽旅游业的一切服务并不相同,政府资金启动社会投资主要是为了更有效地进行经济调控,提高旅游管理水平,从而推动旅游市场发展。

(二)协会的行业管理

旅游业发达的国家一般都设有大量的行业协会,大量的民间行业协会对旅游业的发展起到了积极的不可衡量的作用。虽然我国旅游协会的行业管理发挥的力量有限,但在当今旅游发展中,在引导和管理旅游业的健康发展方面的作用越来越大。

第一,政府与企业沟通的桥梁。旅游协会是政府了解行业发展情况和企业反映行业要求,以及贯彻落实政府政策的重要渠道。旅游行业协会的存在,一方面可以有针对性地向政府反映企业的要求和呼声,为政府制定方针、政策提供参考依据,促进政府决策的有效实施。另一方面,可以帮助政府宣传、指导和监督企业更好地遵守、贯彻国家的法律、法规和方针、政策,协助旅游行政主管部门疏通行业内外的各种关系,加强政府与企业间的沟通。

第二,规范企业经营行为,发挥行业自律功能。行业协会是各企业自发形成的组织,协调各企业之间的利益关系、规范各企业的经营行为以及加强协会的组织性和纪律性,是行业协会的重要职责之一,也是增强协会竞争力和影响力的主要渠道。

第三,加强信息和培训工作,提升行业基础资源。旅游企业的发展离不开旅游信息的发布、旅游市场的调查、旅游政策的指导等一系列基础性工作,但是单个旅游企业往往没有能力或者不愿承担这些工作,从而妨碍了整个旅游行业的发展。旅游协会作为旅游企业的自发性组织,代表着广大旅游企业的利益,因此由行业协会来承担基础性的信息和培训工作,是一种很好的办法。

三、旅游行业管理的方式

行业管理要求超越各种隶属关系,从管理本部门的企业转向管理全行业,变直接管理为间接管理,由管理微观经济活动转向管理宏观经济运行。因此旅游行业管理必须由单一的指令性管理方式逐渐向复合式的指导性管理方式转变。

(一)协调

在旅游行业管理中,协调职能发挥着核心性的作用,究其原因,这是因为旅游业内部有众多的行业体系,旅游业的每一项政策方针和发展规划都需要得到广泛支持。旅游业的协调活动是在多层次和多部门之间展开的,既有中央层次,也有地方层次;既有部门之间,也有旅游企业之间;既有政策活动,也有经营活动。其核心部分则是部门间的协调。由于各部门之间的侧重点和目标不尽相同,因此部门协调经常表现为利益上的冲突。复合式的协调需要行政首长从推动和发展旅游业的战略目标出发,采取有针对性的大胆决策。但协调方式的最终目的都是实现国家旅游业发展的总体战略目标,各部门之间的利益、矛盾应顾全战略全局。

(二)规范

规范活动的出发点是为了促进旅游业的健康发展,落脚点是市场秩序,重点是调整企业与企业之间、行政管理部门与企业之间、市场主体与消费主体之间的关系,而所有这一切的实现都需要有一个规范的市场秩序。市场经济要求在公平的环境下进行有序的竞争,旅游业是较早引进和运用市场机制的行业,但其市场机制仍不健全。因此当市场供需失衡时,市场秩序就会出现混乱,不正当的竞争和各种违法现象时有发生,这进一步加剧了市场的矛盾。完善的市场经济应当是法制经济,市场运作的规范必须依靠法律手段来约束。

从规范我国旅游市场的视角看,我国政府十分重视法律、政策以及技术标准的使用,但由于制定法律的程序是相当复杂的,一些重要的法律法规难以在短期内出台,因此我国的旅游法律法规仍然不健全,这也制约了我国运用法律手段来规范市场秩序。目前,我国对旅游市场的规范仍然以采用政策规范手段为主,虽然政策规范时效性较强,但是稳定性差,缺乏强制力。另外,旅游业隶属于服务业,旅游服务的无形性,使服务难以定性化和规格化,也在一定程度上制约了法律法规的制定。而技术性标准作为一种技术法规,可以覆盖旅游业的各个方面,在一定程度上弥补法律法规缺陷所带来的弊端。

(三)指导

由于旅游业引进市场机制比较早,因此这一管理方式广泛应用和存在于我国的旅游行业管理中。指导作用的发挥主要取决于决策行为和政策形成的质量。指导性决策的形成需要经过酝酿、研究、宣传、协调、修订、试行、反馈、再修订、施行等不同的阶段,通过吸收多方面的意见,兼顾各方面的利益,做出初步的决策,再通过不断地试验和检验,做出修订,使政策为多方所接受和采纳。

(四)检查

检查职能被广泛运用于对各类旅游经营活动中违法违纪行为的查处。检查是为了维护市场秩序,保证合法经营者的正当权利。检查的对象既可能是旅游企业,也可能是旅游从业人员。与我国旅游市场规模相比,我国的行政管理手段仍然偏软,与管理目标极不相称。因此政府主管部门应尽快加强和完善旅游立法,为检查执行提供条件。

(五)监督

监督是行业管理和宏观控制的重要手段,对旅游行为实行全面、严格的监督,有利于旅游产业有计划、有目标地协调发展,促进旅游企业整体经济效益的提高。通过监督,不仅可以保证旅游企业以及旅游业各部门贯彻执行党的方针、政策,遵守国家的法令、法规,还可以促进和推动旅游企业不断改进经营管理水平,提高管理质量。旅游业是我国较早推行监督制度的行业,旅游管理监督通过统计、情况汇集等途径,可以正确反映旅游经济的运行状况、趋势和规律,为旅游政策提供决策和依据。

(六)审批

审批是最能体现政府行为特性的手段。旅游行业的审批权主要有三个方面:一是旅行社设立的许可,二是导游从业资格执照的颁发,三是授予旅游定点饭店的批准手续。审批既是旅行法律义务与授权的形式,又是以行政方式确认某个人或企业行为达到了设定的标准,前者涉及控制市场出入的门槛,后者涉及市场活动的公正性。审批权对企业或个人的切身利益有直接的关系,因此必须坚持"公正、公平、公开"的原则,使审批标准化、程序化,防止个人滥用权力,损害行政机关的形象,否则就难以树立政府的权威。

第二节　旅游行业管理的热点与难点分析

一、旅游供需双方的诚信建立

旅游业诚信问题不仅是社会关注的焦点问题,也是现阶段旅游业跨越式发展的一个突破口。个别旅游城市和地区都不同程度地存在"四黑"现象。

"四黑"即黑导、黑社、黑购物点及黑车。欺客宰客,兜售假冒伪劣商品,旅游餐饮点短斤缺两,以及黑团黑车甩客现象等都是游客常有的投诉。目前,旅游供需双方的诚信还未建立。旅游业的诚信缺失问题是一个由多个利益主体合力引发的问题,该问题的解决要本着追根溯源、标本兼治、综合治理的原则进行。

(一)旅游诚信缺失的原因分析

1. 从供给方看

第一,从政府角度看。旅游业涉及的利益主体较多,因此旅游诚信体系的建设是涉及旅游经营者、旅游目的地政府、目的地居民和旅游者等多方面的全局性的工程。旅游政府行政管理部门"小部门、大管理"的先天不足为旅游业的管理造成了障碍,单由旅游管理部门难以对旅游链条的各个环节进行有效的市场监管,使得在行业管理时"缺位"。且目前,我国旅游法制的建设在立法、司法、执法方面都不足以构建完善的旅游诚信机制。

第二,从旅游经营者角度看。以旅行社为例,旅行社进入壁垒较低,整个市场供过于求,许多旅行社的经营者缺乏长远发展理念和管理能力,投机色彩浓厚,行业利润很低,企业为了生存不得不降低服务质量。这些失信行为往往又能够逃避惩罚,获得较高的失信净收益,从而增加了旅行社的失信动机。现阶段旅游者出游方式多样化引起团队旅游者数量减少,使以团队旅游为主要业务形式的旅行社市场由卖方市场变为买方市场,更加剧了企业间的低价竞争,增加旅行社的失信行为。

第三,从基层旅游服务人员角度看。基层旅游服务人员薪酬低、社会保障差、管理方式不合理等因素迫使他们不得不走上投机之路。以导游为例,导游不但缺乏基本的工资和福利保障,还常常在无带团费的情况下倒贴钱买客源。在这种情况下,极个别旅游服务人员往往产生利己趋利行为,"有客就宰无客就歇",基层旅游服务人员成为旅游业诚信缺失问题的集中体现者。

2. 从需求方看

从旅游的需求方——旅游者角度看,旅游者片面追求低报价而忽略对服务质量的承诺,对于同样的旅游产品,谁的报价低就跟谁走,迫使旅行社纷纷打出低价组团牌甚至是零团费或负团费,并进而诱使旅行社通过暗收回扣、不守承诺进行不诚信经营。

(二)旅游业诚信的对策

第一,建立高效的统筹协调机制。旅游行政管理部门单凭一己之力难以推动旅游业的发展。因此,需要更高层次的统筹协调和管理机制来整合各部门的力量从而推动旅游业的健康、可持续发展。

第二,营造良好的旅游消费环境。建立健全旅游法律法规,并结合国家行业标准和自律公约,规范旅游市场秩序,健全旅游标准体系建设,提升旅游服务的规范化、透明度,严厉打击各种违法违规行为,有效净化旅游市场,提高游客满意度。

第三,建立完善的旅游诚信系统。建立旅游诚信系统,逐步实现全国联网,系统中应包含旅游经营者及从业人员的信誉档案,详细记录履约情况、接待服务质量、从业经历及不良表现,并定期向社会公示。旅游诚信系统不仅是简单的诚信认证,而且实施"负淘汰制"对旅游市场造成较大危害的旅游企业予以淘汰,强行使其退出市场。

第四,引导基层服务人员薪酬体系改革。旅游从业人员中的导游往往是众多诚信缺失问题的引发者。应通过导游体制改革,改革现行导游薪金制度,保障导游的基本利益,规范和引导导游行为。管理部门应继续把好导游人员入门关,引入综合评价方法,弥补现有应试制度的局限,实现优胜劣汰、人员能进能出,以此提高从业人员素质,适应旅游业发展的需要。

二、旅游厕所革命

厕所"脏、乱、差、少、偏"的现状,是当前旅游过程中游客反映最强烈的问题,是旅游服务要素中最薄弱的环节之一。厕所是游客的基本需求,更是目的地应当提供的基本公共服务设施。

在有些人看来,旅游厕所就是旅游局的事。其实,厕所由各部门共同管理。城镇内的公共厕所由城建和环卫部门负责建设、管理;交通道路沿线加油站、停车场的厕所由交通部门负责建设、管理;乡村公共厕所由乡镇环卫部门负责管理;景区内的厕所由景区管理部门负责建设、管理。而旅游部门的职责是:站在游客角度,协调相关部门,维护游客的合法权益,推动基础设施和公共服务的建设。

旅游部门在旅游厕所革命的过程中是"原告",而不是"被告"。旅游部门要找准自身定位,积极向本地政府汇报,明确相关部门在厕所建设和管理工作上的主体责任,动员社会力量开展检查、暗访,加强对相关部门厕所建设管理工作的监督,维护好广大游客的权利。

第三节　旅游行业监管政策体系

一、市场准入监管政策体系

市场准入监管制度是市场准入秩序监管的核心,要实现对旅游游客市场准入秩序的有效治理,就要对现有的市场准入制度进行改革,按照有利于准确界定游客市场主体的准入资格、有利于培育符合游客市场要求的主体和客体、有利于科学合理实施准入监管行为、有利于维护社会公共利益的要求,建立适应旅游市场经济发展内在要求、符合旅游市场准入秩序监管要求并与国际惯例接轨的准入监管政策体系。

(一)完善市场准入秩序监管的法律法规

建立健全统一、规范、科学的一般市场准入法律框架,解决当前有关法规层次不一、效力不同、内容交叉、适用困难等问题。以现行的《旅游法》为基础,参考其他市场主体的准入秩序的规定,制定出既有中国特色又与国际惯例接轨的准入监管政策体系,将游客、旅行社、旅游行政部门、各类旅游景区景点和涉及旅游活动的各种市场主体,统一纳入该监管政策体系的约束范围,为游客市场一般准入监管创造一个统一公平的法律环境。

要加强对旅游产业准入政策的调整和完善,科学运用产业政策的准入监管功能,以适应市场准入监管的需要。对于涉及游客利益和安全的市场准入监管,要针对不同的游客市场领域或者游客市场客体的内容,建立法律层次更高的社会准入监管法,健全更加严格的市场准入制度和相关技术标准,确保游客利益受到有效的法律保护。

(二)完善市场准入秩序监管体制

参考国外游客市场准入监管机构的设置理念,根据我国旅游产业的竞争结构、市场特征和市场行为等实际情况,逐步设立既独立于政策部门又不参与旅游企业运营,权威、高效的专门性监管机构体系,对特殊旅游行业、产业市场实施独立、客观、公正的准入监管。

转变市场准入监管机构的监管职能,尽可能减少对市场主体进入行为的行政性干预。第一,要规范市场准入监管机构的审批职能,深化行政审批制度改革,减少前置审批项目和审批环节,避免由审批随意性和自由裁量权过大造成市场主体合法进入和退出的制度成本增加。第二,要强化市场准入监管机构的服务职能,旅游行政监管部门要建立和完善旅游行业或产业准入政策信息发布制度及相应的指导机制,减少市场主体由信息不对称造成的盲目进入、恶性竞争等不良后果,引导游客市场资源实现合理配置。第三,要加强对市场准入监管机构的监督和制约机制,通过监管标准与程序的公开化、准入决策的透明化,减少准入监管的随意性。同时,要完善相应的准入监管救济途径,确保旅游游客市场主体的合法权益不受侵害。

(三)强化市场退出秩序监管的薄弱环节

第一,完善旅游市场主体退出立法。通过立法,统一旅游市场主体退出的条件、方式和程序等规定,真正规范市场主体的退出行为。通过立法,将不具备经营条件和经营资格的旅游市场主体、因违法而应强制退出的旅游市场主体、资不抵债的旅游市场主体列入强制退出范围。如对旅行社实行宏观调控,建立健全旅行社市场准入和退出机制。实行旅行社计分考核制,严格旅行社资质等级评定,建立违法违规旅行社退出制度。

第二,建立旅游市场退出监管的协调机制。建立旅游市场退出监管的协调机制的目的是加大对旅游市场主体退出行为的监管力度。旅游行政监管部门作为旅游市场退出秩序的主要监管机构,应加强与其他监管机构的沟通和协调,建立旅游市场主体退出信息的共享机制。此外,各部门还要联合加强对恶意退出旅游市场主体的行政处罚和法律追究力度,形成对游客旅游市场退出行为的全方位监管,有效遏制无序退出行为。

第三,降低旅游市场退出壁垒。降低旅游市场退出壁垒的目的是为旅游市场主体提供合法的市场出口。针对部分旅游产业、行业由人为因素导致旅游市场主体正常退出壁垒较高的问题,应当通过优化和简化注销登记程序,降低退出成本,鼓励和引导旅游市场主体通过正常途径,合法注销退出市场;通过完善配套的社会保障机制,为市场主体退出解决后顾之忧;通过减少政府对旅游市场主体退出行为的行政干预,防止正常市场退出受到行政因素的阻碍;通过积极培育旅游基金和旅游人才等要素市场,为旅游市场主体退出和新的进入提供必要资源;通过健全产权市场及相应的产权交易机制,为旅游市场主体产权交易和退出提供有效途径。

二、市场竞争监管政策体系

开展旅游市场竞争秩序监管政策体系建设是加强旅游市场监管体系建设的重要一环。我国的旅游经济近几年有了飞速的发展,但是由于旅游市场发育不完善、市场化改革不彻底等原因,市场领域中恶性竞争、侵权假冒、诚信缺失、传销等问题也逐步堆积显现,破坏了信用经济,妨碍了公平竞争,遏制了企业自主创新,增加了民生安全隐患。因此,十分有必要加强旅游市场竞争监管政策体系建设,营造统一开放、公平有序的经营环境和旅游市场经济秩序。旅游市场竞争秩序监管政策体系建设是一项多部门参与的系统工程,目标是建立和完善"打、控、防、管"综合体系,推动监管向长效化、规范化、事前防范、专业化、智能化转变,着力打造政府负责、部门协作、行业规范、公众参与的旅游市场竞争秩序新格局。

(一)加强市场竞争秩序监管政策体系的法制建设

市场经济条件下,明确市场经济主体的经营权利和义务是其从事经济活动必备的前提和条件。为了明确旅游经济活动中各经济主体的权利和义务,并且当旅游经济主体的权利受到侵犯时,能得到充分的法律保护,就必须建立和完善能使旅游市场主体行为规范有序的法律体系。当前来看,我国已颁布了《企业法》《公司法》,以及有关旅行社、宾馆饭店、旅游景区(景点)、旅游车船等方面的法律和规定,对规范旅游企业行为起到了积极的作用。但是,由于对旅游市场主体行为规范的法律体系尚不完善,对旅游企业的行为规范和权利保障仍然十分薄弱,亟须加强和完善规范旅游市场主体行为的法律体系,创造一种平等竞争的市场法制环境,以真正确立旅游企业自主经营、自负盈亏、自我发展的市场主体地位。同时,还必须重视建立有关保证旅游者权利、明确旅游者义务的法律法规,使旅游者的旅游消费行为有章可循。目前,我国《反垄断法》和《反不正当竞争法》在内容层面、执行层面及与其他法律的关系调整层面仍然有着不同程度的缺陷和不足,有待于通过同步修订和加强法律关系协调改进。第一,要在立法理念上,使作为规范游客市场竞争秩序的两部最重要的法律——《反垄断法》和《反不正当竞争法》都同样定位于通过游客市场竞争秩序监管,达到保护市场自由公平竞争机制、提高资源配置的终极目标。第二,要实现《反垄断法》和《反不正当竞争法》之间的协调一致。《反垄断法》出台之前,《反不正当竞争法》已经运行了十几年。《反垄断法》的实施,一方面使我国市场竞争秩序监管法律体系进一步完善,另一方面也使得协调《反不正当竞争法》和《反垄断法》关系的任务日益迫切。第三,要进一步完善市场竞争秩序监管涉及的其他民商法和行业专门法的相关内容、程序与责任规定,及时出台与法律实施相配套的监管措施,逐步构建以《反垄断法》和《反不正当竞争法》为核心,以《消费者权益保护法》《专利法》《商标法》《著作权法》等专门法律法规为补充,系统而完善的市场竞争秩序监管政策法律体系。

(二)为维护市场竞争秩序创造良好的组织条件

为维护市场竞争秩序创造良好的组织条件可以从两个方面入手。

第一,需要建立综合性的、独立的旅游市场竞争秩序监管机构。反竞争行为多涉及大企业或行政机构,案情复杂,对市场秩序影响很大,因此要求市场竞争秩序监管机构尤其是反垄断执法部门必须具有很强的权威性和独立性。从国外的经验看,大多数发达国家都有专门机构,我国可借鉴美国、日本和韩国的公平交易委员会等设立权威、独立、综合、统一的市场竞争秩序监管和执法机构,确保旅游市场竞争秩序监管的独立性、统一性和权威性。

第二,加强旅游市场竞争秩序监管机构之间的协助配合。通过有关制度的构建,加强国务院反垄断委员会组织、协调、指导的功能及反垄断执法机构的沟通协助,以保证反垄断和整个旅游市场竞争秩序监管与维护工作的顺利进行。一是要构建信息共享机制。由反垄断委员会牵头,借助现有的政府网络资源构建一个信息采集、储存、发布、交换、监督的平台,充分整合各监管执法机构的信息资源,实现监管信息的共享。二是进行反垄断配套规范的联合审查。让反垄断委员会承担起对相关执法部门出台的配套规范进行联合审查的职能,形成出台配套措施的固定协商机制,形成信息共享、行动统一、互相配合、共同监管的协作配合局面,发挥监管机构的合力。

三、市场交易监管政策体系

各相关市场监管部门按职责分工,加强对旅游市场交易行为的风险监测分析,加快建立对旅游重点项目、重要商品及生产要素、重点领域的风险评估指标体系、风险监测预警和跟踪制度、风险管理防控联动机制,进步完善区域产品质量和生产安全风险警示制度。

(一)保护市场交易安全的监管政策

保护交易安全就是通过对旅游市场主体让渡财产权利和履行义务的交易行为的合法性及确定性的法律保障。交易是市场经济的核心,而交易的本质是产权在市场交易主体间的转移,交易得以顺利进行的基本前提就是交易主体拥有产权。从秩序的角度看,市场交易秩序本身就包括财产归属秩序和财产流通秩序,没有稳定的财产归属秩序,财产流通秩序就难以维持。在诺斯看来,国家要对造成经济增长、停滞和衰退的产权结构的效率负责,而国家界定和保护产权的基本制度安排便是产权制度,产权制度的有效实施是建设和维护市场交易秩序的基础与根本,只有国家从制度政策上对市场交易的主体进行产权的有效界定和保护,市场交易秩序才能在政策方面得以保障和维持。

《合同法》是保护旅游市场交易安全、促进交易的基本法。《合同法》的监管有两个方面的意义:一是合同的私法自治,也就是合同自由,市场交易秩序由交易合同的当事人自己建立、自己维护;二是由国家制定系列关于合同的强制性法律规范,即对私法自治、当事人自己建立的市场交易秩序给予外部支持,如合同效力与合同责任制度的强制规定等,以防止滥用合同自由,危害市场交易秩序,为维护秩序提供法律政策保障。

《合同法》对旅游市场交易安全的保障主要体现在以下几个方面:第一,订立程序的规范,其明确规定了合同成立应具备要约和承诺两个阶段,实现了市场交易达成的程序化和规范化。同时,界定了要约的效力、撤销与撤回的条件,承诺的效力、形式及承诺的撤销与撤回条件,还规定了违背要约和承诺所承担的责任等。第二,缔约过失责任。《合同法》明确规定即使合同还没成立、市场交易尚未达成,一方当事人在订立过程中因其过错给对方造成损失的,也应当承担赔偿责任。第三,合同责任制度。《合同法》确立的合同责任制度,既包括违约的民事责任,也包括利用合同进行走私、诈骗等犯罪活动所应承担的刑事责任,以及在订立、履行合同过程中违反行政规范所应承担的行政责任,从而使市场主体能够通过合同建立具有强制性的旅游市场交易秩序,防止破坏市场交易安全的行为发生。

(二)保护市场交易公平的监管政策

市场交易公平主要是指旅游市场交易主体获得交易机会的公平及交易过程和交易结果的公平。在市场经济条件下,市场交易主体的地位的优劣、掌握市场信息和资源差异等因素都会对市场交易的公平性造成影响。因此,有必要以政策的强制性,保护市场交易公平和相应交易秩序的实现。保护市场交易公平,意味着一方面要通过公平交易原则的设定,创造公平交易的宏观环境;另一方面,要通过公平交易政策的设计,实现对微观交易主体公平交易利益的保护。

《反垄断法》和《反不正当竞争法》是反不公平交易行为的基本政策保障。例如,《反垄断法》禁止具有市场支配地位的经营者对其交易对象实行差别待遇的规定,就是反对市场交易主体之间经济性歧视性交易行为。同时,也对行政性交易行为作出了明确的界定。此外,《反不正当竞争法》做出规定:经营者销售商品,不得违背购买者的意愿搭售商品或者附加其他不合理的条件。《反垄断法》规定,行政机关和法律、法规授权的具有管理公共事务职能的组织不得滥用行政权力,限定或者变相限定单位或个人经营、购买、使用其指定的由经营者提供的商品等,都是对强制交易行为进行监管的法律规定,旨在防止强制交易行为对市场交易秩序有可能造成的损害。

四、市场消费监管政策体系

各地有关部门要深入贯彻实施《旅游法》,充分发挥旅游市场联合监管、共同执法的作用,加大旅游服务质量监管和旅游市场秩序规范的联合执法力度。通过开展联合执法,坚决打击"零负团费"、强迫购物和变相强迫购物、强迫自费项目、无资质经营、无证导游等侵害旅游者合法权益的行为。

(一)明确旅游消费"属地管辖"原则

由于旅游消费的特殊性,旅游市场监管涉及食、住、行、游、购、娱所有环节和诸多政府监管部门。因此,在维护旅游者消费权益时,应强化地方政府的监管职责。按照《旅游法》"县级以上人民政府应当指定或者设立统一的旅游投诉受理机构""县级以上人民政府要设立统一的旅游投诉受理机构,高效便捷受理旅游投诉,切实维护旅游者合法权益"的要求,按照十八届四中全会"关于行政执法力量向州市下移"的要求,各市(州)政府要设立或制定统一的旅游投诉与举报受理机构,公布统一投诉与举报电话,并通过建立高效的旅游投诉与案件查处指挥调度系统,实时联动相关执法部门开展联合执法,按职责对旅游投诉和举报案件进行转办、分办和督办,高效处理旅游投诉和查处旅游行政、刑事案件,构建统一领导、合署办公,统一受理、联动执法,运转高效、一站式服务的旅游市场监管与旅游行政执法体系。

(二)制定相关监管部门责任清单

为有效指挥调度相关部门开展旅游市场监管及旅游行政执法工作,应通过制定旅游市场监管责任清单方式,明确旅游、公安、工商、物价、交通运输、卫生、人社、文化、质监、食药监、宗教、商务、住建、林业、地税等有关部门的旅游市场监管责任,切实发挥好相关职能部门的监管责任。

(三)构建科学高效的旅游市场监管机制

为实现高效监管旅游市场的目标,必须完善市场监管运行机制。主要建议如下。

第一，统一受理。由各地指定或设立的统一旅游投诉与举报机构通过专线电话、专用网络平台等受理游客在旅游消费中出现的纠纷及游客发现的违法违规经营行为。

第二，及时分办。由统一受理机构根据游客投诉及举报案件的内容，依据各部门工作职责，及时向联动部门分办、转办投诉举报案件，由联动部门限时办结后回复投诉人、举报人；对需要立即制止、查处的旅游违法违规案件，指挥调动相关部门单独或联合处置。

第三，联动执法。相关旅游市场监管部门根据统一投诉受理机构的指令，及时处理旅游投诉，单独或联合其他执法部门查处违法违规案件，并依据法定职责作出行政处罚决定；对需要追究刑事责任的，及时移交有关部门处理。

第四，限时办结。对旅游投诉事项，相关职能部门应在规定时限内答复投诉人受理情况，对符合受理条件的案件，应在法定期限内处理完毕并答复投诉人。在上述规定时限内不能办结的，应在办理时限届满前向指挥中心提出延长办理时限申请，经指挥中心同意后，告知投诉人。对举报案件，应根据《行政处罚法》《治安管理处罚法》《刑法》等相关法律法规处理。同时，为保证统一旅游投诉受理机构对游客投诉或举报的事项"接得进来""转得出去""处理得了"，地方政府部门应建立相关工作规范、处理流程及督办问责制度，对游客投诉、举报事项不及时受理、处理或查处的部门和人员，应进行问责，倒逼相关部门认真履行旅游市场监管职责，切实维护旅游市场秩序和游客的合法权益。

参考文献

［1］曲颖,李天元.旅游市场营销［M］.北京:中国人民大学出版社,2018.

［2］邹爱勇.旅游市场监管与法律风险防范［M］.北京:中国旅游出版社,2018.

［3］陈世才.旅游新论［M］.北京:北京理工大学出版社,2018.

［4］张素娟,宋雪莉.旅游产品设计与操作(第2版)［M］.北京:化学工业出版社,2018.

［5］符继红.散客化趋势影响下的旅游行政监管政策体系研究［M］.北京:科学出版社,2017.

［6］张念萍.旅游市场营销［M］.北京:中国旅游出版社,2017.

［7］中国旅游研究院.中国国内旅游发展年度报告［M］.北京:旅游教育出版社,2017.

［8］尹华光,姚云贵,熊隆友.旅游产业与文化产业融合和发展研究［M］.北京:中国书籍出版社,2017.

［9］邹统钎,陈芸.旅游目的地营销［M］.北京:经济管理出版社,2017.

［10］钟栎娜,邓宇.智慧旅游:理论与实践［M］.上海:华东师范大学出版社,2017.

［11］马桂顺.旅游企业战略管理［M］.北京:清华大学出版社,2017.

［12］曾国军.旅游企业战略管理［M］.北京:中国旅游出版社,2017.

［13］陆均良,宋夫华.智慧旅游新业态的探索与实践［M］.杭

州:浙江大学出版社,2017.

[14]张华杰.旅游市场营销[M].北京:中国林业出版社,2016.

[15]普国安,王静.旅游经济学[M].北京:中国旅游出版社,2016.

[16]孙国学,赵丽丽.旅游产品策划与设计[M].北京:中国铁道出版社,2016.

[17]张建春.智慧旅游导论[M].杭州:浙江工商大学出版社,2015.

[18]史晓明.旅游产品设计经营实战手册[M].北京:中国旅游出版社,2015.

[19]郝康理.旅游新论:互联网时代旅游业创新与实践[M].北京:科学出版社,2015.

[20]胡亚光,胡建华.旅游市场营销学[M].北京:旅游教育出版社,2015.

[21]石培华.国民旅游休闲战略与国家时间管理创新[M].北京:中国旅游出版社,2015.

[22]章艺,郑昭彦.旅游学概论[M].上海:华东师范大学出版社,2015.

[23]郝康理,柳建尧.旅游新论:互联网时代旅游业创新与实践[M].北京:科学出版社,2015.

[24]罗明义.现代旅游管理学[M].天津:南开大学出版社,2014.

[25]粟娟.旅游消费经济学[M].成都:西南交通大学出版社,2014.

[26]何丽芳.旅游概论[M].长沙:湖南大学出版社,2014.

[27]李云鹏.智慧旅游规划与行业实践[M].北京:旅游教育出版社,2014.

[28]王慧.旅游企业战略管理[M].北京:北京大学出版社,2014.

[29]姚志国,鹿晓龙.智慧旅游:旅游信息化大趋势[M].北

京：旅游教育出版社，2013.

[30]李云鹏，晁夕，沈华玉.智慧旅游：从旅游信息化到旅游智慧化[M].北京：中国旅游出版社，2013.

[31]孙国学，赵丽丽.旅游产品策划与设计[M].北京：中国铁道出版社，2012.

[32]张道顺.旅游产品设计与操作手册[M].北京：旅游教育出版社，2005.

[33]马舒霞，吴伟光，王磊.全域旅游要素评价及其绩效分析[J].重庆交通大学学报（社会科学版），2018,18(04):62-70.

[34]高汝青.探究旅游经济与城市经济协调发展之路径[J].现代商业，2018(29):35-36.

[35]李文霄.生态旅游发展对长白山林区经济的影响[J].旅游纵览（下半月），2018(11):179-181.

[36]刘淑萍."互联网＋"内涵与发展评价指标体系[J].科技经济市场，2018(11):58-63.

[37]杨伟，周青，郑登攀."互联网＋"创新生态系统：内涵特征与形成机理[J].技术经济，2018,37(07):10-15.

[38]陈刚，赵琼."互联网＋"背景下我国旅游业发展创新[J].现代企业，2018(09):115-116.

[39]张宇，黄艳.文化消费视角下的数字旅游研究[J].湖北经济学院学报（人文社会科学版），2018,15(10):54-56.

[40]马聘.互联网背景下智慧旅游的创新思考[J].度假旅游，2018(11):189.

[41]赵蕊.我国智慧旅游建设进展与改善对策研究[J].城市，2018(09):23-28.

[42]刘浩日娃.电子商务背景下的旅游市场营销策略[J].旅游纵览（下半月），2018(11):155.

[43]周效东，周燕.旅游共享经济：特征、困境与突破[J].大理大学学报，2018,3(07):31-36.

[44]赵艳.节假日旅游发展策略研究[J].旅游纵览（下半月），

2017(05):67.

[45]刘晓萍.我国旅游流的时空分析[J].商场现代化,2016
(25):247-248.

[46]王哲宇.改革开放以来中国旅游重心的时空演化研究[D].
宁波大学,2012.